BuddhAll

BuddhAll.

All is Buddha.

BuddhAll

悲華經

Karuṇā-puṇḍarīka-sūtra

北涼曇無讖 譯
洪啟嵩 主編

佛法常行經典的出版因緣

佛法常行經典是承繼著佛菩薩經典及三昧禪法經典之後，再編輯的一套佛經系列，希望與前述的兩套經典一般，能夠帶給大眾佛法的甚深喜樂。

常行經典的編輯有兩個方向：一是普遍，本系列所選編的經典是全體佛教或各宗派中，必備的常用經典。二是精要，這些選編的經典不只普遍，而且涵蓋大乘佛法的各系精要，是每一位佛教徒都應該仔細研讀的根本經典。因此，我們除了有些常行經典，如《金剛經》、《心經》、《維摩詰經》等等，已在其他系列中編出，以及部份經典如《華嚴經》、《大寶積經》等，本身可以單獨成套之外，大都匯集於此處出版。

另外，這一套經典的產生，也可以說是教界大德與讀者催生的結果。因為我們開始推出一連串的經典系列，原本是為了推廣佛經閱讀、修持的新運動，希望使佛經成為我們人間生活的指導書，而不只是課誦本而已，並且圓滿「生活即佛經，佛經即生活」的目標。我們認為在這機緣的推動之下，以前可能只有百人完整閱讀過的佛經，會變成千人，乃至萬人閱讀，並使經典成為生活中的內容。而且在我們的編輯策劃下，當一個人他想要依止一位佛、菩薩或一類法門修持時，他只要隨時攜帶一本編纂完成的經典，就可以依教奉行。如果這種方式推廣成功的話，實在是一場閱讀與修行的革命，能使生活與佛法完整的結合。因此，雖然大眾十分訝異於我們竟然有勇氣去推動這麼艱難的工作，但是我們的心中只有歡喜。

也因為這樣的理念，剛開始時，許多常行的流通經典，並沒有列為第一波出版計劃。但是教界大德與讀者們，卻十分期望看到我們編輯這些常行經典的成果，並且能再予普遍推廣。對於他們的肯定，我們心中十分感激，並且從命編出。

正如同《法華經》中所宣說的：偉大的佛陀是以一大事因緣出現於世間，這一大事因緣就是要使眾生開、示、悟、入佛陀的知見。也就是說：佛陀出現於世間的真正目的，就是要我們具足佛陀的智慧，與他一樣成為圓滿的大覺如來。佛陀的大慈大悲深深的感動著我們，也讓我們在半夜之中觀空感泣。佛陀的大願，是那麼廣大，微小的我們要如何去圓滿佛陀的心願呢？現在我們只有用微薄的力量將具足佛陀微妙心語的經典編輯出來，供養給十方諸佛及所有的大德、大眾。

佛法常行經集共編輯成十本，這些經典的名稱如下：

一、妙法蓮華經、無量義經
二、悲華經
三、大乘本生心地觀經、勝鬘師子吼一乘大方便方廣經、大方等如來藏經
四、小品般若波羅蜜經
五、金光明經、金光明最勝王經
六、楞伽阿跋多羅寶經、入楞伽經
七、大佛頂如來密因修證了義諸菩薩萬行首楞嚴經
八、解深密經、大乘密嚴經

九、大毘盧遮那成佛神變加持經

十、金剛頂一切如來真實攝大乘現證大教王經、金剛頂瑜珈中略出念誦經

我們深深期望透過這些經典的導引，讓我們悟入無盡的佛智，得到永遠的幸福光明。

南無　本師釋迦牟尼佛

凡例

一、關於本系列經典的選取，以能彰顯全體佛教或各宗派中，常用必備的經典為主，期使讀者能迅速了解大乘佛法的精要。

二、本系列經典係以日本《大正新修大藏經》（以下簡稱《大藏經》）為底本，而以宋版《磧砂大藏經》（新文豐出版社所出版的影印本，以下簡稱《磧砂藏》）為校勘本，並輔以明版《嘉興正續大藏經》與《大正藏》本身所作之校勘，作為本系列經典之校勘依據。

三、《大藏經》有字誤或文意不順者，本系列經典校勘後，以下列符號表示之：

(一)改正單字者，在改正字的右上方，以「*」符號表示之。如《大乘本生心地觀經》卷一〈序品第一〉之中：

披精進甲報智慧劍，破魔軍眾而擊法鼓《大正藏》

披精進甲執智慧劍，破魔軍衆而擊法鼓《磧砂藏》

校勘改作為：

披精進甲*執智慧劍，破魔軍衆而擊法鼓《大正藏》

(二)改正二字以上者，在改正之最初字的右上方，以「*」符號表示之；並在改正之最末字的右下方，以「☆」符號表示之。

如《小品般若波羅蜜經》卷五〈小如品第十二〉之中：

我等云何令母久壽，身體安隱，無諸苦患、風雨寒熱、蚊虻毒螫？《磧砂藏》

我等要當令母久壽，身體安隱，無諸苦患、風雨寒熱、蚊虻毒螫？《大正藏》

校勘改作為：

我等*云何☆令母久壽，身體安隱，無諸苦患、風雨寒熱、蚊虻毒螫？

四、《大正藏》中有增衍者，本系列經典校勘刪除後，以「①」符號表示之；其中圓圈內之數目，代表刪除之字數。

如《小品般若波羅蜜經》卷三〈泥犁品第八〉之中：

般若波羅蜜力故，五波羅蜜得般若波羅蜜名《大正藏》

般若波羅蜜力故，五波羅蜜得波羅蜜名《磧砂藏》

校勘改作為：

般若波羅蜜力故，五波羅蜜得②波羅蜜名

五、《大正藏》中有脫落者，本系列經典校勘後，以下列符號表示之：

㈠脫落補入單字者，在補入字的右上方，以「◎」符號表示之。如《解深密經》卷二〈無自性相品第五〉之中：

未熟相續能令成熟《大正藏》

未成熟相續能令成熟《磧砂藏》

校勘改作為：

未◎成熟相續能令成熟

㈡脫落補入二字以上者，在補入之最初字的右上方，以「◎」符號表示之，並在補入之最末字的右下方，以「☆」符號表示之。

如《悲華經》卷四〈諸菩薩本授記品第四之二〉之中：

以見我故，寒所有衆生悉得熅樂《大正藏》

以見我故，寒冰地獄所有衆生悉得熅樂《磧砂藏》

校勘改作為：

以見我故，寒⊙冰地獄☆所有衆生悉得熅樂

六、本系列經典依校勘之原則，而無法以前面之各種校勘符號表示清楚者，則以「㊟」表示之，並在經文之後作說明。

七、《大正藏》中，凡不影響經義之正俗字（如：恆、恒）、通用字（如：蓮「華」、蓮「花」）、譯音字（如：目「犍」連、目「乾」連）等彼此不一者，本系列經典均不作改動或校勘。

八、《大正藏》中，凡現代不慣用的古字，本系列經典則以教育部所頒行的常用字取代之（如：讃→讚），而不再詳以對照表說明。

九、凡《大正藏》經文內本有的小字夾註者，本系列經典均以小字雙行表示之。

十、凡《大正藏》經文內之呪語，其斷句以空格來表示。若原文上有斷句序號而未空格時，則本系列經典均於序號之下，加空一格；但若作校勘而有增補空格或刪除原文之空格時，則仍以「⊙」、「①」符號校勘之。又原文若無序號亦未斷句者，則維持原樣。

十一、本系列經典之經文，採用中明字體，而其中之偈頌、呪語及願文等，皆採用正楷字體。另若有序文、跋或作註釋說明時，則採用仿宋字體。

十二、本系列經典所作之標點、分段及校勘等，以儘量順於經義為原則，來方便讀者之閱讀。

十三、標點方面，自本系列經典起，表示時間的名詞（或副詞），如：時、爾時等，以不逗開為原則。

悲華經序

《悲華經》梵名為Karuṇā-puṇḍarīka，共有十卷。為北涼．曇無讖所譯。又作《悲蓮華經》、《大乘悲分陀利經》。全經主旨在讚歎釋迦如來於穢土中成佛。此外，為闡揚釋尊的大悲，亦舉出以阿彌陀佛為首之諸佛、菩薩的淨土成佛，並對諸佛菩薩之本生、本願加以敘述。經題「悲華」，即「慈悲的白蓮華」之意，是指釋迦牟尼佛而言。

本經古來有四種中文傳譯本：一、《閑居經》一經，據《開元錄》卷二之註釋，此經由西晉．竺法護譯，為《悲華經》之同本異譯。《大乘悲分陀利經》，譯者不明，古來稱為秦譯本，今有八卷三十品；此經較曇無讖譯本更簡潔、且接近原貌。與藏譯本、梵本亦較一致。三、《悲華經》十卷，北涼．道龔譯，今不存。四、《悲華經》十卷，即本經所述者。又，本經之藏譯德格版，由印度之勝友（Jinamitra）、天主覺（Surendra-bodhi）、智慧鎧（Prajñāvarman）及西藏翻譯官智慧軍（Yeśes-sde）等人共譯校刊而成，共有十五卷。

本經共有六品，其內容為：

〈轉法輪品第一〉　世尊於王舍城耆闍崛山為大比丘眾等說法，彌勒菩薩等向東南方留心聽法，歸命南無蓮華尊如來，其時，會眾中有寶日光明菩薩，見此覺不可思議，於是向世尊請問蓮華尊佛的成道、國土與莊嚴等問題。世尊對此善問加以稱讚並且一一詳答。並說明蓮華尊佛於昨夜後分為欲成無上道的諸菩薩大眾，宣說正法轉不退輪之事由。

〈陀羅尼品第二〉　世尊對於寶日光明菩薩的祈問，依次解說蓮華佛土之晝夜差別及蓮華尊如來之音聲；並提及在此廣大的蓮華佛土上與西方安樂國土之諸菩薩均是平等的。其佛壽命有三十中劫，滅度後正法住世滿十中劫，生於其處之菩薩壽命有四十中劫。此佛世界昔名為栴檀，日月尊如來出世後其佛壽命有三十中劫，身臨此佛涅槃的虛空印菩薩於十中劫的正法滅盡時，受日月尊如來與予授記，號蓮華尊如來。日月尊如來教授虛空印菩薩受持解了一切陀羅門。

〈大施品第三〉　宣說有關諸佛世界皆是清淨微妙而種種莊嚴，離於五濁穢惡，而世尊因何因緣在五濁惡世中成佛，並提及為四衆講解三乘之法之因緣。本品即是敘述無諍念王的故事。

往昔，過恒河沙等阿僧祇劫，此佛世界名之為刪提嵐，此大劫名善持。彼劫中轉輪聖王無諍念治世，有大臣名寶海，寶海有子名寶藏，寶藏出家，成無上道，號寶藏如來。寶藏如來轉法輪濟度衆生後遊行城邑聚落，停留於首都安周羅城外閻浮林時，轉輪王與千王子及無量大衆前往寶藏如來處聽受說法，供養如來與諸聖衆三個月。而王之千子或其他人卻以此供養功德求為忉利天王、梵王、大王、轉輪聖王、大富，而竟無一人求取大乘，王亦只求成為轉輪王而不求無上菩提。此時，寶海梵志由夢中之啟示，悟徹人天有漏之果不足為愛，因此向王勸說發於無上菩提心，成菩薩道，期待往生清淨佛土成佛。於是寶藏如來入三昧大放光明，王得見十方世界中五濁弊惡之土與清淨佛土等種種世界，王遂瞭解欲求取清淨世界或五濁不淨世界，皆是依菩薩因位之願力所成，於是入城到所住處宮殿中閑靜處，思惟修集種種己佛世界。其次，寶海梵志勸服太子不眴發無上菩提心，並使第二王子以下千人、諸王、大衆發起無上道心，各各歸於所住之處，在一靜處一心思惟所願。過七年後，王及千王子等俱至閻浮林，往詣佛所以先前三個月供養之福德，迴向無上菩提，發大菩提心。

〈諸菩薩本授記品第四〉　寶海梵志勸轉輪王發誓願求取妙佛土，王遂以先前供養之善根迴向無上菩提，說明求取妙佛土之大願，更向佛、世尊發誓，如所願求之佛土、衆生得成，方成阿耨多羅三藐三菩提；寶藏如來遂提及西方過百千萬億佛土，有尊善無垢世界，其佛號為尊音如來，其佛之功德莊嚴與王之所願相等。因王調伏無量無邊之衆生而予改名為無量清淨，尊音如來般涅槃後次第出現無量諸佛，於世界轉名為安樂之時，王當作佛，號無量壽如來。

其次，王之第一太子在佛前敘述所願，寶藏佛為之授記名為觀世音，當於無量壽如來般涅槃後成佛，彼土轉名為一切珍寶所成就世界，佛號為遍出一切光明功德山王如來。其次，第二王子尼摩授記名為得大勢，第三王子王衆授記名為文殊師利，乃至第八王子授記名為普賢，第九王子授記名為阿閦，當於東方妙樂世界成佛號為阿閦如來；乃至千王子各各與予授記皆當悉取淨土成佛。其次，大臣寶海之子八十人，弟子三億人亦因寶海梵志故而發無上道心接受授記。

最後，寶海梵志見無諍念王及其千子皆願取淨土成佛，而不取不淨土，感歎無法顧及五濁惡世之衆生，於是發五百大誓願，願於五濁惡世成佛。寶藏如來遂與予授記當來娑婆世界成佛，號釋迦牟尼如來。

〈檀波羅蜜品第五〉　大悲菩觀（寶海梵志）禮敬寶藏如來後，向如來請教諸三昧及助菩提法等問題，如來即解說首楞嚴三昧、寶印三昧、師子遊戲三昧等三昧、布施、持戒、忍辱、精進、禪定等之助菩提法等。大悲菩薩依法受持，轉輪聖王及其千子等亦出家修學。大悲比丘命終之後，生於南方歡喜國，彼處人壽八十歲，以本願受生於旃陀羅之家，接著於閻浮提作轉輪王，教化一切衆生行十善，安止三乘之法。應尼乾子灰音之乞求，施與身皮及眼，以無上道修行為務。

大悲菩薩即是釋迦牟尼世尊，說明世尊漸次圓滿檀波羅蜜的過程。

〈入定三昧門品第六〉　釋迦如來告訴寂意菩薩提到過去、未來、現在三世諸佛及南西北東四維上下諸佛，均是其往昔所勸化而初發菩提心。東方善華世界的無垢功德光明王佛之獅子座、大地產生六種震動，其國菩薩不明所以，佛告之西方娑婆世界之釋迦牟尼今現在為四部眾說本緣法故，說明佛之神力不可思議。又善華世界之二菩薩與二萬菩薩乘佛神力，來到娑婆世界供養、恭敬、尊重、讚歎釋迦牟尼如來。然後，東方無量諸佛與南方、西方、北方無量諸佛亦如同善華世界之菩薩。此時，釋迦牟尼如來入遍虛空斷諸法定意三昧，為大眾演說一切行門之法，而後大眾向佛敬禮還歸十方本佛之所。最後，會眾中無畏等地菩薩問此經名稱及如何奉持二個問題，佛乃告之本經名為「解了一切陀羅門」乃至「悲華」；並且敘述受持本經之福德，最後，付囑本經給無怨佛宿仙人。

目錄

悲華經
Karuṇā-puṇḍarīka-sūtra

悲華經卷第一

北涼天竺三藏曇無讖譯

轉法輪品第一

如是我聞：一時，佛在王舍城耆闍崛山，與大比丘僧六萬二千人俱。皆阿羅漢，諸漏已盡無復煩惱，一切自在，心得解脫慧得解脫，譬如善調摩訶那伽，所作已辦捨於重擔，逮得己利盡諸有結，正智得解心得自在，於一切心得度彼岸，唯除阿難。

菩薩摩訶薩四百四十萬人，彌勒菩薩最為上首，皆得陀羅尼忍辱禪定，深解諸法空無定想，如是大士皆不退轉。

是時復有大梵天王與無量百千諸梵天子俱，他化自在天王與其眷屬四百萬人俱，化樂天王亦與眷屬三百五十萬人俱，兜率天王亦與眷屬三百萬人俱，夜摩天王亦與眷屬三百五十萬人俱，忉利天王釋提桓因亦與眷屬四百萬人俱，毘沙門天王亦與鬼神眷屬十萬人俱，毘樓勒天王亦與拘辦荼眷屬一千俱，毘樓勒叉天王亦與諸龍眷屬一千俱，提頭賴吒天王與乾闥婆眷屬一千俱，難陀龍王、婆難陀龍王亦各與一千眷屬俱。如是等衆，皆已發心趣於大乘，已行六波羅蜜。

爾時世尊眷屬圍繞，為諸大衆說微妙法，除四顛倒生善法明，得智慧光了四聖諦，欲令來世諸菩薩等得入三昧，入三昧已過於聲聞、辟支佛地，於阿耨多羅三藐三菩提無有退轉。

爾時彌勒菩薩、無癡見菩薩、水天菩薩、師子意菩薩、日光菩薩，如是等上首菩薩摩訶薩十千人俱，即從座起，偏袒右肩右膝著地，叉手合掌向東南方，一心歡喜，恭敬瞻仰而作是言：「南無蓮華尊多陀阿伽度、阿羅呵、三藐三佛陀！南無蓮華尊多陀阿伽度、阿羅呵、三藐三佛陀！希有！世尊成阿耨多羅三藐三菩提末久，而能示現種種無量神足變化，令無量無邊百千億那由他眾生得種善根，不退轉於阿耨多羅三藐三菩提。」

爾時會中有菩薩摩訶薩名寶日光明，即從座起，偏袒右肩右膝著地，合掌向佛而白佛言：「彌勒菩薩、無癡見菩薩、水天菩薩、師子意菩薩、日光菩薩，如是等上首菩薩摩訶薩十千人等，以何緣故，捨於聽法而從座起，偏袒右肩右膝著地，叉手合掌向東南方，一心歡喜而作是言：『南無蓮華尊多陀阿伽度、阿羅呵、三藐三佛陀！南無蓮華尊多陀阿伽度、阿羅呵、三藐三佛陀！希有！世尊成阿耨多羅三藐三菩提未久，而能示現種種無量神足變化，令無量無邊百千億那由他眾生得種善根』？世尊！是蓮華尊佛去此遠近？彼佛成道已來幾時？國土何名？以何莊嚴？蓮華尊佛何故示現種種變化？於十方世界所有諸佛示現種種無量變化，或有菩薩而得瞻見我獨不覩？」

爾時佛告寶日光明菩薩：「善男子！善哉！善哉！汝所問者，即是珍寶，即是賢善，即是善辯，即是善問。汝善男子能問如來如是妙義，欲得教化無量萬億那由他衆生令種善根，欲得顯現蓮華尊界種種莊嚴。善男子！我今當說，諦聽，諦聽！善思念之，善受攝持！」

寶日光明菩薩一心歡喜受教而聽。

爾時世尊告寶日光明：「善男子！東南方去此一億百千佛土，有佛世界名曰蓮華，以種種莊嚴而挍餝之，散諸名華香氣遍熏，寶樹莊嚴，種種寶山紺琉璃地，無量菩薩充滿其國，善法妙音周遍而聞。其地柔軟譬如天衣，行時足下蹈入四寸舉足還復，自然而生種種蓮華。其七寶樹高七由旬，其枝自然懸天袈裟。其佛世界常聞諸天伎樂音聲，彼諸衆鳥聲中，常出根、力、覺意妙法之音；諸樹枝葉相振作聲，過諸天人五樂之音。一一樹根所出香*氣過諸天香，香氣遍滿過千由旬，其樹中間懸天瓔珞。有七寶樓觀，高五百由旬，縱廣正等一百由旬，周匝欄楯七寶所成。其樓四邊有大池水，長八十由旬廣五十由旬。其池四方有妙階道純以七寶，其池水中有優鉢羅華、拘物頭華、波頭摩華、芬陀利華，一一蓮華縱廣正等滿一由旬。於夜初分，有諸菩薩於華臺中生結加趺坐，受於解脫喜悅之樂。

過夜分已，四方有風，柔軟香潔觸菩薩身，其風能令合華開敷吹散布地。是時菩薩從三昧起，復受解脫喜悅之樂。下蓮華臺昇於高樓，於七寶座處結加趺坐聽受妙⊙法。其園觀外周匝四邊，有閻浮檀紫磨金山，高二十由旬，縱廣正等滿三由旬。山有無量百千珍寶，紺琉璃珠、火珠之明間錯其間。

「爾時蓮華尊佛以大光明并諸寶明，和合顯照其佛世界，其土光明微妙第一，更無日月亦無晝夜，以華合鳥*棲而知時節。其寶山上有紺琉璃妙好之臺，高六十由旬，縱廣二十由旬，其臺四邊周匝欄楯七寶所成，其臺中央有七寶床，其床各有一生菩薩坐聽受法。善男子！其佛世界有菩提樹名因陀羅，高三千由旬，樹莖縱廣五百由旬，枝葉縱廣一千由旬。下有蓮華，琉璃為莖，高五百由旬。一一諸華各有一億百千金葉，高五由旬。馬瑙為*茸，七寶為鬚，高十由旬，縱廣正等滿七由旬。爾時蓮華尊佛坐此華上，即於昨夜成阿耨多羅三藐三菩提。其菩提華座周匝復有種種蓮華，有諸菩薩各坐其上，見蓮華尊佛種種變化。」

爾時世尊釋迦牟尼說是事已，寶日光明菩薩摩訶薩白佛言：「世尊！蓮華尊佛以何相貌作諸變化？惟願說之！」

佛告寶日光明：「善男子！蓮華尊佛於昨夜分成阿耨多羅三藐三菩提，其佛過夜分已示現種種神足變化，其身變現乃至梵天，頂肉髻相放六十億那由他百千光明，照於上方微塵數等諸佛世界。爾時上方菩薩不觀下方眼所緣色，所謂大小鐵圍及諸小山，但觀佛光所及世界。於諸世界有諸菩薩得授記莂，若得陀羅尼忍辱三昧，或得上位一生補處，是菩薩等所有光明，以佛光故悉不復現。如是等眾，叉手向於蓮華尊佛，瞻仰尊顏。爾時惟見三十二相瓔珞其身，八十種好次第莊嚴，見蓮華尊佛及其世界種種莊嚴，如是見已心得歡喜。爾時如微塵數等諸佛世界中，諸菩薩摩訶薩見蓮華尊佛光明變化及其世界已，各捨本土以自神足，悉共發來詣彼佛所禮拜圍繞，供養恭敬尊重讚歎。

「善男子！爾時彼佛見諸菩薩出其舌相，悉皆遍覆諸四天下行住坐等一切眾生；或有菩薩入於禪定，從禪定起在大眾中，禮拜圍繞，供養恭敬尊重讚歎蓮華尊佛。善男子！彼佛爾時示現如是廣長舌相，作變化已即還攝之。

「善男子！蓮華尊佛復放身毛孔光，一一毛孔出六十億那由他百千光明，其光微妙普遍十方，一一方面各各過於微塵數等諸佛世界。彼世界中在在處處，所有菩薩得授記已，得陀羅尼三昧忍辱，或得上位一生補處，見是光已，各各自捨其佛世界，乘神通力皆共發來至彼佛所，禮拜圍繞，供養恭敬尊重讚歎。善男子！爾時彼佛作此變化即復還攝，為諸菩薩及諸大眾講說正法轉不退輪，欲令無量無邊眾生得大利益、得大快樂，憐愍世間為人、天故，欲令具足無上大乘。」

悲華經陀羅尼品第二

爾時寶日光明菩薩白佛言：「世尊！彼佛世界云何得知晝夜差別？所聞音聲為何相貌？彼諸菩薩云何而得成就一心？行何異行？」

佛告寶日光明菩薩：「善男子！彼佛世界常有佛光以為照明，以華合鳥*棲如來、菩薩入諸禪定師子遊戲，其心歡喜受解脫樂，爾時便知即是夜分。若有風吹諸華散地，諸鳥相和作微妙聲，雨種種華四方風起，香氣微妙柔軟細滑，佛及菩薩從禪定起，是時彼佛為諸大衆說菩薩法藏，欲令出過聲聞、緣覺，是故得知即是晝分。

「善男子！彼佛世界諸菩薩衆，常聞佛音、法音、僧音、寂滅之音、無所有音、六波羅蜜音、力無畏音、六神通音、無所作音、無生滅音、微妙寂靜音、因寂靜音、緣寂靜音、大慈大悲無生法忍授記之音、純諸菩薩清淨妙音，常不遠離聞如是音。善男子！所聞音聲相貌如是。

「善男子！彼界菩薩若已生、若當生，皆悉成就三十二相，常身光明照一由旬，乃至成阿耨多羅三藐三菩提，終不墮於三惡道中。彼諸菩薩皆悉成就大慈心、大悲心、柔軟心、無愛濁心、調伏心、寂靜心、忍辱心、禪定心、清淨心、無障礙心、無垢心、無汙心、真實心、喜法心、欲令衆生斷煩惱心、如地心、離一切世俗言語心、愛樂聖法心、求善法心、離我心、離生老病死寂滅心、燒諸煩惱心、解一切縛寂滅心、於一切法得不動心。

「善男子！彼諸菩薩得專心力，得發起力，得緣力，得願力，得無諍力，得觀一切法力，得諸善根力，得諸三昧力，得多聞力，得持戒力，得大捨力，得忍辱力，得精進力，得禪定力，得智慧力，得寂靜力，得思惟力，得諸通力，得念力，得菩提力，得壞一切魔力，得摧伏一切外道力，得壞一切諸煩惱力。

「如是菩薩於彼佛土已生、當生者，即是真實菩薩，已得供養無量百千諸佛世尊，於諸佛所種諸善根。彼諸菩薩以禪味為食，法食、香食猶如梵天，無有揣食亦無名字，無有不善亦無女人，苦受愛憎諸餘煩惱，及我、我所身心苦惱，三惡道等，皆悉無有是諸名字。亦無黑闇臭處，不淨荊棘，穢惡山陵、堆阜、土沙、礫石，及日月星宿然火之明，須彌大海大小鐵圍二山中間幽冥之處，亦無有雨、濁亂、惡風及八難處，悉亦無有此諸名字。善男子！彼佛世界常以佛光、菩薩寶光而為照明，其光微妙清淨第一，遍滿其國。其中有鳥名曰善果，聲中常出根、力、覺、道微妙之音。」

爾時寶日光明菩薩復白佛言：「世尊！彼佛世界縱廣幾何？住世壽命說法幾時？昨夜始成阿耨多羅三藐三菩提，滅度之後法住久近？諸菩薩眾在世幾時？生彼世界諸菩薩等，頗有遠於見佛聞法、供養衆僧不？蓮華世界佛未出時名字何等？彼界先昔佛日世尊滅度已來為經幾時？滅度之後中間幾時，蓮華尊佛而得成道？以何因緣於十方世界在在處處，所有諸佛入於師子遊戲三昧，示現種種神足變化，諸菩薩等或有見者或不見者？」

爾時佛告寶日光明菩薩：「善男子！如須彌山王高十六萬八千由旬，縱廣八萬四千由旬，或時有人勤行精進，或幻化力、或禪定力，碎破須彌猶如芥子，過諸算數，除佛世尊一切智者餘無能知。如一芥子為一四天下，是蓮華世界所有四天下數盡此芥子，有諸菩薩充滿其中，猶如西方安樂世界諸菩薩等。善男子！彼蓮華尊佛壽命說法三十中劫，滅度已後正法住世滿十中劫。善男子！彼諸菩薩已生、當生者，壽命四十中劫。

「善男子！彼佛世界本名栴檀，清淨好妙不如今也！爾時世界亦無如是清淨菩薩。善男子！栴檀世界過去先佛出於世間，号日月尊如來、應、正遍知、明行足、善逝、世間解、無上士、調御丈夫、天人師、佛、世尊，壽命說法三十中劫，臨滅度時或有菩薩以願力故至餘佛土，其餘在者作如是念：『今夜中分日月尊如來當取涅槃，見佛滅已我等當於十中劫中護持正法。誰能於此正法滅已，次第得成阿耨多羅三藐三菩提？』

「時有菩薩名虛空印，以本願故，日月尊如來即與授記：『善男子！我滅度已，正法住世滿十中劫，過十中劫於夜初分正法滅盡，汝於是時即當成阿耨多羅三藐三菩提，號曰蓮華尊如來、應、正遍知、明行足、善逝、世間解、無上士、調御丈夫、天人師、佛、世尊。』爾時諸菩薩摩訶薩至日月尊佛所，至佛所已，諸菩薩等以禪定力種種自在師子遊戲，供養日月尊如來。作供養已右繞三匝，作如是言：『世尊！我等願欲於此十中劫中入滅盡定。』

「善男子！爾時日月尊如來告虛空印菩薩摩訶薩：『善男子！受持此解了一切陀羅尼門，過去諸多陀阿伽度、阿羅呵、三藐三佛陀，已為受佛職位諸菩薩說，如今現在十方諸佛，亦為受佛職位諸菩薩說，未來諸佛世尊亦當為受佛職位諸菩薩說，所謂解了一切陀羅尼門。』即說章句：

闍梨　闍連尼　摩訶闍連　休翅休翅三鉢提摩訶　三鉢提　提陀阿吒醯多

遮吒迦吒陀羅卓迦　阿斯摩迦斯　醯隸　彌隸帝隸流流翅　摩訶流流翅　闍移頭

闍移　闍利末圻羶坻　舍多禰伽陀禰阿茂隸　茂羅波　隸闍尼摩羅斯禰毘羅婆禰

目帝目帝波隸輸題　阿毘坻　波夜無郅禰　波羅烏呵羅禰　檀陀毘闍比闍婆留

欝躭禰

「如是章句，破壞外道一切論議，攝正法輪，復能擁護說正法者，開示分別四念處解脫法門。」

爾時世尊復說章句：

佛陀波加舍移　阿摩摩禰摩摩呵庶帋頗緹額緹涅帝羅禰　路迦提目帝删提

陀隸婆末尼

「如是章句，開示分別四種聖解脫法門。」

爾時世尊復說章句：

波沙緹　波沙禰　陀隸　陀羅波坻　掬坻守毘守婆波坻　禰坻　須摩跋坻

羼提翅坻迦留那欝提叉移　此坻憂比叉三鉢禰　阿羅翅婆羅地　佉岐佉岐竭移阿
茂隸　牧羅輸檀尼

「如是章句，開示分別四無所畏解脫法門。」

爾時世尊復說章句：

咀頗羅　阿伽頗羅　阿涅頗羅　涅羅頗羅三目多阿延陀　伊毘持坻毘持　烏
頭都羅兜藍阿興三乘　伊提多婆　阿埵多埵　薩婆路伽　阿荼伽　隸頻陀　阿浮
薩隸　陀陀曼坻毘舍伽跋提阿頗邏迦頗藍

「如是章句，開示分別守護三乘法門。」

爾時世尊復說章句：

門陀多　安禰醯羅　婆波多驃　伊曇頗隸尼炎頗隸　三茂檀那延　毘浮舍
波拖蘇摩兜　阿免摩五阿鳩摩都拖陀跋帝達舍婆羅毘波拖他　悉舍涕多　何尼飲
摩底拏摩坻　阿路俱　阿提鬪拏　薩坻末坻

「如是章句，現在諸佛本所修習，開示分別四正勤法門。」

爾時世尊復說章句：

安禰　摩禰　摩禰　摩摩禰　遮隸至利帝隸履賒履多毘　羶帝目帝郁多履三履尼三履三摩三履叉裔　阿叉裔　阿闍地酕帝　賒蜜致　陀羅尼　阿跋伽婆婆斯賴那婆提　賴魔波提闍那婆提　彌留婆提叉裔尼陀舍尼　路伽婆提波禰陀舍尼

「如是章句，開示分別四無閡辯解脫法門。」

爾時世尊復說是章句：

研悶阿婆婆禰陀舍尼　禪那路伽陀兜波婆散尼　薩婆因提浮摩坻千坻　薩婆薩婆　婆摩薩婆波吔婆叉夜迦隸　懼迦隸婆闍尼　路伽毚達舍那比婆

「如是章句，開示分別四如意足解脫法門。」

爾時世尊復說章句：

阿遮隸　佛提陀陀波遮隸　那尼　乾拏斯提苷頻提　尼屑提三筆知　波隸伽薩隸蘇彌戰提　戰提阿遮隸　阿遮遮隸　阿波隸　頻枝婆離　禰婆離　婆遮遮離波波離　阿那夜　阿那夜　阿俾斯　鉤鉤娑婆毘禰迦禰　禰闍斯　伽伽彌　那由

禘

「如是章句，開示分別一切根力解脫法門。」

爾時世尊復說章句：

富罷　帚富罷　度摩波　隸呵隸　阿婆移欝支隸　支迦勒差　阿夜末兜　帝帝隸摩摩隸手遮尸尸隸　路伽寫尼闍那夜叉岐醯帝那遮夜帝沙栴提那

「如是章句，開示分別七菩提分解脫法門。」

爾時世尊復說章句：

遮迦婆闍隸　婆帝遮迦隸　遮加陀隸　陀羅遮迦隸陀隸　茂隸醯醯隸隸陀離阿樓婆跋提　休休　夜他甚婆餓頻婆隸夜陀祈尼　夜他波蘭遮　離提奢夜他婆耶離離絁薩遮尼隸呵羅　闍留遮毘離　毘梨尼離呵羅　末離末伽尼隸呵羅尼羅尼隸呵羅　三摩提尼隸呵羅　般若尼隸呵羅比目帝尼隸呵羅　比目帝闍那陀隸舍那尼隸呵羅那叉帝尼隸呵羅　栴陀尼　隸呵羅　修利尼　隸呵羅　波陀舍夜六躭多陀阿伽度阿浮陀尼羅浮曇三佛陀陀佛陀　伊呵浮陀　咀哆浮陀　尼呵我摩茂隸　阿

羅頗陀陀羅頗半茶隸　曼陀隸咀哆　隸多留摩伽伽憐尼茂祖拏　三半茂祖拏　恒伽崩伽摩毚尼　留婆那舍尼那舍槃檀尼　叱叱帝　叱叱覩摩由婆醯燈伽摩婆隸摩隸呵咀尼　婆隸摩隸頻提毘離毘離憂沙離　舍羅尼　陀羅尼　婆婆坻　婆藍那羅易　毘頭摩婆羅齲摩梵摩遮隸那因提婆尸提提耶羅尼摩醯首羅羅尼　三摩宿彌阿藍念彌　伊迦勒叉利師遮尼遮羅阿支栴陀羅修利　薩婆修羅阿婆藍富那伽緻躭半持多　阿夜那　虔稚闍波斯迦伽陀隸阿羅陀呵尼　摩伽羅毘路呵尼　悉曇曼啼毘路迦曼啼

「是陀羅尼門，諸佛世尊之所受持，開示分別如來十力解脫法門。」

爾時世尊釋迦牟尼說是解了一切陀羅尼法門時，三千大千世界六種震動，*岠峨✩踊沒。爾時有大微妙光明遍於十方，過如恒河沙等世界，其中所有須彌山王、大小鐵圍不與眼對，但見世界地平如掌。十方世界所在之處，有諸菩薩其數無量，得諸禪定總持忍辱，如是等眾以佛神力於己剎沒，忽然來至娑婆世界耆闍崛山，到如來所頭面禮足，以諸菩薩所得種種自在神足供養於佛。作供養已，各各次第於一面坐，欲聽解了一切陀羅尼門。不可稱計欲、色界諸天，來至佛所頭面禮足，亦各次第坐於一面，聽受解了一切陀羅尼門。如是大衆悉皆得見蓮華佛剎，亦見彼佛與大菩薩圍繞集會。

爾時世尊釋迦牟尼說此解了一切陀羅尼門，有七十二恒河沙等諸菩薩摩訶薩得此陀羅尼門，即時得見不可稱計十方世界諸佛世尊，及見諸佛淨妙世界，諸菩薩等怪未曾有，是諸菩薩以禪定力師子遊戲得自在故，作種種供具以供養佛。

爾時佛告諸菩薩等：「善男子！若菩薩修是解了一切陀羅尼門者，即得八萬四千陀羅尼門、七萬二千三昧門、六萬法聚門，即得大慈大悲解三十七助道之法，得一切智無有障閡。是陀羅尼門攝一切佛法，諸佛了此陀羅尼已，為諸衆生說無上法，久久在世不入涅槃。善男子！汝今所見，當知即是解了一切陀羅尼門威神力故，令此大地六種震動，及有微妙清淨光明，遍照十方過恒河沙等諸佛世界。光所及處無量世界諸菩薩等，來至此會聽受解了一切陀羅尼門，并及此界所有無量欲、色界天和合聚集，復有諸龍、夜叉、阿修羅、人非人等，皆來欲聽解了一切陀羅尼門。

「若菩薩聞解了一切陀羅尼門已，即於阿耨多羅三藐三菩提而不退轉。若有書寫其人乃至無上涅槃，常得不離見佛聞法供養衆僧。若能讀誦，諸惡業等永盡無餘，轉身受生即過初地得第二住。菩薩摩訶薩若能修行解了一切陀羅尼門，所作五逆重惡之罪悉得除滅，第二轉生即過初地得第二住；若無五逆，即於此身所有重業永盡無餘，轉身即得過於初地得第二住。若其不能讀誦、修行，於聽法時以諸繒綵奉上法師者，爾時如恒河沙等現在諸佛，各於世界稱揚讚歎善哉善哉！即與授其阿耨多羅三藐三菩提記。是菩薩以供養因緣故，不久當得受佛職位，一生成就阿耨多羅三藐三菩提。

「若香供養，不久當得無上定香；若華供養，不久當得無上智華；若以珍寶供養法師，不久當得三十七助道法之寶。善男子！若有菩薩能解了是陀羅尼者得大利益。何以故？此陀羅尼門能開示分別一切菩薩諸法寶藏，以是持故令諸菩薩得無閡辯、四適意法。

『善男子！日月尊如來為虛空印菩薩說陀羅尼門已，爾時大地亦六種震動，亦有無量微妙光明，遍照十方無量無邊諸佛世界，見諸佛剎地平如掌。

「爾時會中亦有無量菩薩摩訶薩，悉見十方不可稱計諸佛世尊。是時十方無量無邊諸菩薩等，各各自於己世界沒，忽然來至栴檀世界，見日月尊佛禮拜圍繞，供養恭敬尊重讚歎，皆欲聽受是陀羅尼門。

「善男子！爾時彼佛告諸菩薩：『善男子！我今已聽汝等，若是一生補處，於十中劫聽入滅定，其餘菩薩應十中劫，從虛空印菩薩摩訶薩受此陀羅尼門菩薩法藏，隨受持法得見十方無量世界所有諸佛，因見佛故心生歡喜得種善根。』

「爾時會中有諸菩薩得種種自在師子遊戲者，以種種供具供養彼佛，作供養已，白佛言：『世尊！是虛空印菩薩摩訶薩過十中劫，成阿耨多羅三藐三菩提，當得轉於無上法輪。』

「時佛告曰：『諸善男子！如汝所說，是虛空印菩薩摩訶薩過十中劫，得成阿耨多羅三藐三菩提，即過其夜便轉法輪。』

「爾時虛空印菩薩摩訶薩成阿耨多羅三藐三菩提已，即過其夜轉正法輪、不退法輪、無上法輪。爾時會中無量無邊百千億那由他菩薩，先從虛空印菩薩於十中劫受是陀羅尼門者，得不退轉，有一生補處，當得阿耨多羅三藐三菩提。

「『善男子！若有菩薩不多修學是陀羅尼者，於當來世得過初地上二住位，不退轉於阿耨多羅三藐三菩提，決定得是陀羅尼門。』如是說已，日月尊如來為諸菩薩示現種種神足變化，示現是已，為虛空印菩薩摩訶薩示現那羅延三昧：『汝得是定便當得受金剛之身，復為示現一切莊嚴三昧光明。善男子！汝雖未轉是正法輪，夢為諸菩薩說此陀羅尼門，汝於爾時便為已得如來身分三十二相、八十種好。亦當放此一切莊嚴三昧光明，遍照無量一切世界，復於光中得見無量無邊諸佛。復為示現金剛場三昧，以三昧力故，雖未坐道場菩提樹下，未轉法輪，已能為諸菩薩說微妙法。復為示現*法輪鬘☆三昧，以三昧力故尋轉法輪，轉法輪時有無量無邊百千億那由他菩薩當得畢定。』

「爾時虛空印菩薩摩訶薩聞說是已，尋即自知當轉法輪，歡喜踊躍，與無量菩薩共供養佛，作供養已各各自入諸樓觀中。爾時彼佛即於其夜入無餘涅槃，時諸菩薩過其夜已供養舍利，既供養已各各還入寶樓觀中，他方菩薩各各自還本佛世界，一生菩薩於十中劫入滅盡定，其餘菩薩因虛空印說妙法故滿十中劫得種善根。

「是虛空印菩薩摩訶薩，始於昨夜成阿耨多羅三藐三菩提，即於今日轉正法輪，示現種種神足變化，令百千億那由他無量衆生，於阿耨多羅三藐三菩提不退轉。我今於此說是陀羅尼門時，亦有八十那由他百千菩薩得無生忍，七十二億衆生於阿耨多羅三藐三菩提不退轉，七十二那由他百千菩薩得是解了一切陀羅尼門，無量無邊天與人發阿耨多羅三藐三菩提心。」

爾時會中有菩薩名解脫怨憎，白佛言：「世尊！菩薩摩訶薩成就幾法，能修集是解了一切陀羅尼門？」

佛告解脫怨憎菩薩言：「善男子！菩薩成就四法，則能修是陀羅尼門。何等為四？菩薩住是四聖種中，於麁衣、食、臥具、醫藥常得知足，菩薩成就如是四法，則能修是陀羅尼門。

「復次，善男子！菩薩摩訶薩成就五法，則能修是陀羅尼門。何等為五？自持禁戒，所謂愛護解脫戒，成就威儀行，防護戒法，心生怖畏如小金剛，受持修學一切諸戒。見破戒者，勸令持戒；見邪見者，勸令正見；破威儀者，勸住威儀；見散心者，勸令一心；見有好樂於二乘者，勸令安住阿耨多羅三藐三菩提。菩薩成就如是五法，則能修是陀羅尼門。

「復次，善男子！菩薩成就六法，則能修是陀羅尼門。何等為六？自修多聞通達無閡，見寡聞者勸令多聞；自不慳悋，見慳悋者勸令安住不慳悋法；自不嫉妬，見嫉妬者勸令安住不嫉妬法；自不怖他施以無畏，見怖畏者為作擁護；善言誘喻使得安隱，心不諛諂無有奸詐；行空三昧。菩薩成就如是六法，則能修是陀羅尼門。

「菩薩摩訶薩成就如是相貌法已，於七歲中總略一切陀毘*黎章句，晝夜六時頭面恭敬，一心思惟緣身念處，行空三昧，讀誦如是陀毘◎黎章句。即於起時，遍念十方一切世界無量諸佛。是菩薩摩訶薩過七歲已，即便得是解了一切陀羅尼門。菩薩得是陀羅尼門已，便得如是聖清淨眼。得是眼已，見於十方如恒河沙等世界中在在處處，諸佛世尊不取涅槃，亦見示現種種無量神足變化。是菩薩爾時悉見一切無量諸佛無有遺餘，以見佛故即得八萬四千陀羅尼門、七萬二千三昧門、六萬法門。菩薩摩訶薩得是解了一切陀羅尼門已，復於衆生得大慈悲。復有菩薩摩訶薩得是法門已，所有五逆重惡罪等，轉身便得永盡無餘，第三生已盡一切業得第十住。若無五逆其餘諸業，即於此身永盡無餘，過一生已得第十住，不久便得三十七品及一切智。

「善男子！是解了一切陀羅尼門，能大利益諸菩薩摩訶薩。若菩薩常念諸佛法身故，得見種種神足變化，見是化已即得如是無漏歡喜，因歡喜故便成如是神足變化，以神足力則能供養如恒河沙等世界諸佛，得供養已於諸佛所亦聽受妙法，聽受法故即得陀羅尼三昧忍辱，便還來至此佛世界。善男子！是陀羅尼門能作如是大利益事，損滅惡業增諸善根。」

爾時有諸菩薩白佛言：「世尊！我等於過去如一恒河沙等諸佛所，聞是陀羅尼門，聞已即得。」

復有菩薩作如是言：「我等已於二恒河沙等諸佛所，聞是陀羅尼門，聞已即得。」

復有菩薩作如是言：「我等已於三恒河沙等諸佛所，聞是陀羅尼門，聞已即得。」

復有菩薩作如是言：「我等已於四恒河沙等諸佛所，聞是陀羅尼門，聞已即得。」

復有菩薩作如是言：「我等已於五恒河沙等諸佛所，聞是陀羅尼門，聞已即得。」

復有菩薩作如是言：「我等已於六恒河沙等諸佛所，聞是陀羅尼門，聞已即得。」

復有菩薩作如是言：「我等已於七恒河沙等諸佛世尊，聞是陀羅尼門，聞已即得。」

復有菩薩作如是言：「我等已於八恒河沙等諸佛所，聞是陀羅尼門，聞已即得。」

復有菩薩作如是言：「我等已於九恒河沙等諸佛所，聞是陀羅尼門，聞已即得。」

爾時彌勒菩薩摩訶薩白佛言：「世尊！我於往世過十恒河沙等劫時，有大劫名善普遍，於此劫中是娑婆世界微妙清淨一切莊嚴。爾時有佛出現於世，號娑羅王如來、應、正遍知、明行足、善逝、世間解、無上士、調御丈夫、天人師、佛、世尊，有無量百千億那由他比丘僧，復有不可計諸菩薩摩訶薩恭敬圍遶。爾時娑羅王佛為諸大眾說是解了一切陀羅尼門，我於爾時從彼佛所得聞是法，聞已修學，學已即得增廣具足。如是無量無邊劫中，有不可計阿僧祇佛，我於爾時隨其壽命，以諸菩薩所得種種師子遊戲自在三昧，供養如是無量諸佛，我於爾時便得於此一一佛所，種無量無邊不可稱計阿僧祇善根，種善根已即得無量大功德聚。

以是善根故，無量諸佛與我授記。以本願故，久在生死；以待時故，不成阿耨多羅三藐三菩提。世尊！惟願如來於今與我受佛職位，令得阿耨多羅三藐三菩提！」

爾時佛告彌勒菩薩摩訶薩：「如是！如是！如汝所說，娑羅王佛現在世時，汝已得是解了一切陀羅尼法門。彌勒！汝於過去十大劫中，若欲願成阿耨多羅三藐三菩提者，汝於爾時尋應具足速疾成就阿耨多羅三藐三菩提，入無餘涅槃。彌勒！汝久住生死以本願故，所以不成以待時故。彌勒！我今為汝受佛職位。」

爾時世尊觀諸大眾，及諸菩薩、比丘、比丘尼、優婆塞、優婆夷、天、龍、夜叉、阿修羅、羅剎、乾闥婆、人非人等，作是觀已說是章句：

帶哆浮彌　檀陀浮彌　曇摩陀浮彌　伽帝浮彌　蜜帝浮彌　般若浮彌　毘舍羅闍浮彌　鉢帝三毘多浮彌　阿耨差婆浮彌　阿婆差浮彌　三摩多博差摩博差浮彌　闍帝叉裒浮彌　三扠闍毘扠闍　波羅扠闍　毘舍伽達舍婆帝　毘舍陀帝羅那羅伽伽　三扠舍婆多　毘摩帝揄波醯羅羅伽摩　阿吒扠羅　婆舍僧伽摩　伊帝朱羅失帝彌文陀羅　陀呵羅跋帝般若浮多　阿陀伽彌多娑圖沙槃多　伊羅耶尼羅

耶　阿呼薩吒　阿牧陀牧阿他婆帝伽樓婆帝　帝醯那提　婆阿迦那摩帝　婆迦那
摩帝三彌帝毘娑婆地　禕陀婆羅禕陀婆羅　阿羅多羅　拘留沙兜樓沙賴摩羅留他
多留他　薩婆他　薩婆他遮尼留他提呵多多醯頗羅　婆睺頗羅薩婆頗羅世吒婆提

說是雜十二因緣解脫章句時，有六十那由他諸天見四聖諦。

爾時世尊復說章句：

帶頗嵐　阿伽頗嵐　羅羅頗嵐　阿羅頗嵐尼羅呼羅　婆婆多驃　伊曇頗嵐
尼監頗嵐　南無陀鹽　毘浮蛾　般若遮迦　阿毚毘地遮迦　闍尼遮迦

說是解脫章句時，有一億諸天發阿耨多羅三藐三菩提心，皆得不退轉。

爾時世尊復說章句：

波拖　蘇摩都　阿毚摩都　阿拘摩都　鵄陀婆拘　摩哆他陀舍羅　毘簸跛他
伊呵世鐵多蘇禰摩　蘇帝厠拏帝（利惠）阿路拘（光明）　阿陀鬪拏（大默然）

說是解脫章句時，六萬四千諸龍發阿耨多羅三藐三菩提心，皆得不退轉。

爾時世尊復說章句：

阿叉修跋叉　修婆沙波曼陀那　阿羅住婆伽羅厨　迦羅茶叉　悉曇摩帝三曼多　䔱阿叉婆隸　醯吒迦路摩訶婆隸　烏闍陀路　陀羅尼　醯伽羅叉　拘陀叉拘婆叉　鞞路布　毘留波　目佉　勢帝害哆　勢帝婆隸阿修路比那　修路波摩提

說是解脫章句時，十二億夜叉發阿耨多羅三藐三菩提心，皆得不退轉。

爾時世尊復說章句：

阿挮卑　梨離　尼帝挮　珊帝挮　伽帝抳　那迦彌　阿藍彌　波嵐彌　阿陀彌摩陀彌　摩帝彌　珊尼阿　守隸　陀羅尼　阿毘舍多　薩陀　薩提婆　薩那伽　薩夜叉　薩阿修羅提婆那伽　尼六帝隸婆羅　尼六帝羅毘蜜帝般若般梨跋多末帝　婆利羅毘伽帝提　帝波利波羅伽帝提帝羅毘弗婆翅毘闍禰毘薩遮利畔多　阿毘陀那畔多　首羅畔陀到羅毘梨耶　毘陀毘多毘畔坻　毘娑婆禰　末伽文陀毘舍鉢利劍摩　禰叉波羅呼　烏呵羅路提羅波都　阿修羅文陀那伽叉文陀　夜叉文陀　羅利文陀　鞞提　鞞提彌多卑　多多卑　烏拏那咩　婆佉提　陀羅尼阿毘舍多提舍首陀尼　波翅輸提　耆婆輸陀尼　波翅波利羯磨　帝摩帝伽帝跌帝伽那波帝

婆羅那拂提闍耶　遮加輸若陀遮迦　卑夜

說是解脫章句已，五萬六千阿修羅發阿耨多羅三藐三菩提心，皆得不退轉。

爾時世尊告無所畏平等地菩薩摩訶薩言：「善男子！諸佛世尊出世甚難，演布是法乃復倍難，是法乃是戒、定、慧、解脫、解脫知見之所熏修。善男子！如是章句能令菩薩威德成就。善男子！如來本行菩薩道時，以布施、持戒、忍辱、精進、禪定、智慧攝是章句，供養恭敬無量無邊百千萬億諸佛世尊，於諸佛所或行布施，或修梵行清淨持戒，或勤精進，或修忍辱，或入三昧，或修習慧，種種修集純善淨業，是故我今得無上智。善男子！我昔於無量阿僧祇億那由他劫，修菩薩道時，身常遠離妄語、兩舌、惡口、綺語，是故我今得是舌相。善男子！以是因緣故，諸佛世尊所說真實無有虛妄。」

爾時世尊示現種種神足變化，作變化已，入遍一切功德三昧。入是三昧已，出廣長舌遍覆面門，從其舌根放六十億光明，其光微妙遍照三千大千世界，地獄、餓鬼、畜生、天、人皆蒙其光。

地獄眾生身熾然者，以蒙光故於須臾間得清涼樂。是諸眾生即於其前，各有化佛三十二相、八十種好莊嚴其身，爾時眾生以見佛故皆得快樂，各作是念：「蒙是人恩，令我得樂。」於化佛所心得歡喜，叉手恭敬。

爾時佛告彼諸眾生：「汝今稱南無佛！南無法！南無僧！以是緣故常得快樂。」是諸眾生長跪叉手，前受佛教而作是言：「南無佛！南無法！南無僧！」是諸眾生以是善根因緣故，於此命終或生天上，或生人中。若有眾生在寒凍地獄，是時尋有柔軟煖風來觸其身，乃至生天、人中，亦復如是。

餓鬼眾生為飢渴所逼，蒙佛光故，除飢渴惱受於快樂，亦各於前有一化佛三十二相、八十種好莊嚴其身，以見佛故皆得快樂，各作是念：「蒙是人恩，令我得樂。」於化佛所心得歡喜，叉手恭敬。

爾時世尊令彼眾生得見宿命罪業因緣，尋自悔責。以是善根，於中命終生天、人中，畜生眾生亦復如是。爾時世尊為諸天、人示宿世因緣故，有無量無邊眾生來至佛所，頭面作禮却坐一面，聽受妙法。爾時有不可計諸天及人，發阿耨多羅三藐三菩提心，無數菩薩摩訶薩得陀羅尼三昧忍辱。

悲華經卷第一

悲華經卷第二

北涼天竺三藏曇無讖譯

大施品第三之一

爾時會中有菩薩摩訶薩名曰寂意，瞻覩如來種種神化已，白佛言：「世尊！何因緣故，其餘諸佛所有世界，清淨微妙種種莊嚴，離於五濁無諸穢惡，其中純有諸大菩薩成就種種無量功德受諸快樂，其土乃至無有聲聞、辟支佛名，何況當有二乘之實？今我世尊何因何緣處斯穢惡不淨世界，命濁、劫濁、衆生濁、見濁、煩惱濁，於是五濁惡世之中成阿耨多羅三藐三菩提，在四衆中說三乘法？以何緣故，不取如是清淨世界，而不遠離五濁惡世？」

佛告寂意菩薩：「善男子！菩薩摩訶薩以本願故取淨妙國，亦以願故取不淨土。何以故？善男子！菩薩摩訶薩成就大悲故，取斯弊惡不淨土耳！是故吾以本願處此不淨穢惡世界，成阿耨多羅三藐三菩提。善男子！汝今諦聽，善思念之，善受善持！吾今當說。」

時諸菩薩受教而聽，佛告寂意菩薩：「善男子！我於往昔過恒河沙等阿僧祇劫，此佛世界名刪提嵐，是時大劫名曰善持，於彼劫中有轉輪聖王名無諍念，主四天下。有一大臣名曰寶海，是梵志種，善知占相，時生一子，有三十二相瓔珞其身，八十種好次第莊嚴，以百福德成就一相，常光一尋，其身圓足如尼拘盧樹，諦觀一相無有厭足，當其生時有百千諸天來共供養，因為作字號曰寶藏。其後長大剃除鬚髮法服出家，成阿耨多羅三藐三菩提，還號寶藏如來、應供、正遍知、明行足、善逝、世間解、無上士、調御丈夫、天人師、佛、世尊，即轉法輪，令百千無量億那由他諸眾生等，得生人、天，或得解脫。如是利益諸天、人已，與百千億那由他聲聞大眾，恭敬圍遶，次第遊行城邑聚落，漸到一城名安周羅，即是聖王所治之處，去城不遠有一園林名曰閻浮。

「爾時來與百千無量億那由他聲聞大衆止頓此林。時轉輪王聞寶藏佛與百千無量億那由他大聲聞衆，次第遊行至閻浮林，爾時聖王便作是念：『我今當往至於佛所，禮拜圍遶，供養恭敬尊重讚歎。』作是念已，即便自以聖王神力，與無量大衆前後圍遶，出安周羅城向閻浮林。既至林外如法下車，步至佛所。到佛所已，頭面禮足，右遶三匝却坐一面。

「善男子！爾時寶藏多陀阿伽度、阿羅呵、三藐三佛陀，即為聖王說於正法，以種種方便示教利喜，說是法已默然而止。時轉輪王便從坐起，長跪叉手前白佛言：『唯願如來及諸聖衆，於三月中受我供養衣被、飲食、臥具、湯藥。』

「善男子！彼時如來默然許之。時王即知佛已許可，頭面作禮，遶佛三匝歡喜而去。

「時轉輪王告諸小王、大臣、人民及其眷屬，作如是言：『汝等知不？我今已請寶藏如來及其大衆，終竟三月奉諸所安。自我所用愛重之物，諸供養具、僮使僕從，我今悉捨以奉施佛及諸聖衆。汝等今者亦當如是捨所重物，諸供養具、僮使僕從，以奉施佛及諸聖衆。』諸人聞已，即便受教歡喜奉行。

「時主寶臣於閻浮林中以純金為地，於其地上作七寶樓，其樓四門七寶所成，七寶行樹，其樹皆懸寶衣瓔珞，種種真珠妙好寶蓋及諸寶器以用莊嚴。復有諸香、妙寶華果以莊挍樹，散種種華，綩綖、繒纊以為敷具，懸諸繒幡。聖王金輪於樓觀前，懸處虛空去地七尺，令白象寶在如來後持七寶樹。其樹復有真珠繒帛，種種瓔珞以用莊挍，其上復有七寶妙蓋。使玉女寶於如來前，磨牛頭栴檀及黑沈水用散佛上，以摩尼珠寶置於佛前。寶珠、金輪二光微妙，常明遍滿閻浮檀林，晝夜無異。

「寶藏如來常身光明微妙清淨，遍滿三千大千世界，以牛頭栴檀為一一聲聞作諸床榻，一一床邊牛頭栴檀以為机隥。一一座後有白象寶持七寶樹，種種莊嚴亦如如來。一一座前有玉女寶，磨牛頭栴檀及黑沈水散以供養。於一一聲聞座前，各各安置摩尼寶珠。其園林中作種種伎樂，其園外邊有四兵寶周匝圍遶。

「善男子！是轉輪王清旦出城向於佛所，既至林外，如法下車步至佛所。至佛所已，頭面禮足右遶三匝，自行澡水，手自斟酌上妙餚饌佛及大眾。飲食已訖，捨鉢漱口。時轉輪王手執寶扇，以扇如來及一一聲聞。時王千子及八萬四千諸小王等，悉皆供養一一聲聞，如轉輪王供養世尊。尋於食後，有百千無量億那由他眾生入閻浮林，於如來所聽受正法。

「爾時虛空中有百千無量億那由他諸天，散諸天華作天伎樂以供養佛。是時虛空中有天衣、瓔珞、種種寶蓋而自迴轉，復有四萬青衣夜叉，於栴檀林取牛頭栴檀，為佛大眾然火熟食。時轉輪王其夜於佛及大眾前，然百千無量億那由他燈。善男子！時轉輪王頂戴一燈，肩荷二燈，左右手中執持四燈，其二膝上各置一燈，兩足趺上亦各一燈。如是竟夜供養如來，佛神力故身心快樂無有疲極，譬如比丘入第三禪，轉輪聖王所受快樂亦復如是。如是供養，終竟三月。時王千子及八萬四千諸小王等，百千無量億那由他眾，亦以妙食供養一一諸聲聞等，亦如聖王所食餚饌亦滿三月。其玉女寶亦以種種華香供養，如轉輪王供養於佛等無差別。其餘眾生華香供養，亦如玉女供養聲聞無有異也。

「善男子！時轉輪王過三月已，以主藏寶臣貢上如來閻浮檀金作龍頭瓔，八萬四千上金輪寶、白象、紺馬、摩尼珠寶、妙好火珠、主藏臣寶、主四兵寶。諸小王等安周羅城諸小城邑，七寶衣樹，妙寶華聚，種種寶蓋。轉輪聖王所著妙衣、種種華鬘、上妙瓔珞、七寶妙車、種種寶床、七寶頭目，挍絡寶網、閻浮金鎖、寶真珠貫、上妙履屣、綩綖茵蓐、微妙机隥、七寶器物、鐘鼓伎樂、寶鈴珂貝、園林幢幡、寶灌燈燭、七寶鳥獸、雜厠妙扇、種種諸藥，如是等物各八萬四千，以用奉施佛及聖眾。

「作是施已，白佛言：『世尊！我國多事有諸不及，今我悔過。唯願如來久住此園，復當令我數得往來，禮拜圍遶，恭敬供養尊重讚歎。』

「彼王諸子在佛前坐，一一王子復各請佛及比丘僧，終竟三月奉諸所安，唯願許可，爾時如來默然許之。時轉輪王已知如來受諸子請，頭面禮佛及比丘僧，右遶三匝歡喜而去。

「善男子！時王千子第一太子名曰不眴，終竟三月供養如來及比丘僧，奉諸所安一如聖王。時轉輪王日至佛所，瞻覩尊顏及比丘僧聽受妙法。善男子！爾時大臣寶海梵志，周遍到於閻浮提內男子、女人、童男、童女一切人所，乞求所須。爾時梵志先要施主：『汝今若能歸依三寶，發阿耨多羅三藐三菩提心者，然後乃當受汝所施。』時閻浮提一切眾生，其中乃至無有一人不從梵志受三歸依，發阿耨多羅三藐三菩提心者。既令諸人受教誡已，即便受其所施之物。

「爾時梵志令百千億無量眾生住三福處，及發阿耨多羅三藐三菩提心。太子不眴供養如來及比丘僧，竟三月已，所奉嚏嚫八萬四千金龍頭瓔，唯無聖王金輪、白象、紺馬、玉女、藏臣、主兵、摩尼寶珠，其餘所有金輪象馬、妙好火珠、童男童女、七寶衣樹、七寶華聚、種種寶蓋、微妙衣服、種種華鬘、上好瓔珞、七寶妙車、種種寶床、七寶頭目、挍絡寶網、閻浮金鎖、寶真珠貫、上妙履屣、綩綖茵蓐、微妙机隥、七寶器物、鐘鼓伎樂、寶鈴珂貝、園林幢幡、寶灌燈燭、七寶鳥獸、雜厠妙扇、種種諸藥，如是等物各八萬四千，以奉獻佛及比丘僧。作是施已，白佛言：『世尊！所有不及今日悔過。』

「時第二王子名曰尼摩，終竟三月供養如來及比丘僧，如不眴太子所奉噠嚫，如上所說。第三王子名曰王眾，第四王子名能加羅，第五王子名無所畏，第六王子名曰虛空，第七王子名曰善臂，第八王子名曰泯圖，第九王子名曰蜜蘇，第十王子名曰濡心，十一王子名瞢伽奴，十二王子名摩樗滿，十三王子名摩奴摸，十四王子名摩嗟麤滿，十五王子名摩闍奴，十六王子名曰無垢，十七王子名阿闍滿，十八王子名曰無缺，十九王子名曰義雲，二十王子名曰因陀羅，二十一名尼婆盧，二十二名尼伽珠，二十三名曰月念，二十四名曰日念，二十五名曰王念，二十六名金剛念，二十七名忍辱念，二十八名曰住念，二十九名曰遠念，三十名曰寶念，三十一名羅睺，三十二名羅睺力，三十三名羅睺質多羅，三十四名羅摩質多羅，三十五名曰國財，三十六名曰欲轉，三十七名蘭陀滿，三十八名羅剎盧蘇，三十九名羅耶輸，四十名炎摩，四十一名夜婆滿，四十二名夜闍盧，四十三名夜磨區，四十四名夜墮珠，四十五名夜頗奴，四十六名夜娑奴，四十七名南摩珠帝，四十八名阿藍遮奴。如是等聖王千子，各各三月供養如來及比丘僧，一切所須衣服、飲食、臥具、醫藥，亦復皆如第一太子，所奉噠嚫種種之物，亦復各各八萬四千。

「因其所施各各發心，或願忉利天王，或求梵王，或求魔王，或求轉輪聖王，或願大富，或求聲聞。是諸王子，其中乃至尚無一人求於緣覺，況求大乘！時轉輪王因布施故，而復還求轉輪王位。是時聖王及其千子如是供養滿二百五十歲，各各向佛及比丘僧悔諸不及。

「善男子！時寶海梵志尋往佛所，而白佛言：『唯願如來及比丘僧，滿七歲中受我供養衣服、飲食、臥具、醫藥。』爾時如來默然許可受梵志請。善男子！爾時梵志供養如來及比丘僧所須之物，亦如聖王之所供養。善男子！寶海梵志復於後時作如是念：『我今已令百千億那由他眾生，發阿耨多羅三藐三菩提心，然我不知轉輪聖王所願何等？為願人王、天王、聲聞、緣覺？為求阿耨多羅三藐三菩提？若我來世必成阿耨多羅三藐三菩提，度未度者解未解者，未離生老病死憂悲苦惱悉令得離，未滅度者令得滅度。定如是者，我於夜臥，當有諸天、魔、梵、諸龍及夜叉等，諸佛世尊、聲聞、沙門、婆羅門等，為我現夢，說此聖王之所志求，為求人王，為求天王，為求聲聞、辟支佛乘、阿耨多羅三藐三菩提耶？』

「善男子！時寶海梵志於睡眠中見有光明，因此光故即見十方如恒河沙等，諸世界中在在處處諸佛世尊，彼諸世尊各各遙以微妙好華與此梵志。其華臺中見日輪像，於日輪上各各悉有七寶妙蓋，一一日輪各各皆出六十億光，是諸光明皆悉來入梵志口中。自見其身滿千由旬，淨無垢穢譬如明鏡，見其腹內有六十億那由他百千菩薩，在蓮華上結加趺坐三昧正受。復見日鬘圍遶其身，於諸華中出諸伎樂踰於天樂。

「善男子！爾時梵志又見其王血污其身，四方馳走，面首似猪噉種種蟲。既噉蟲已，坐伊蘭樹下，有無量衆生來食其身，唯有骨鎖。捨骨鎖已，數數受身亦復如是。於是復見諸王子等，或作猪面，或作象面，或水牛面，或師子面，或狐狼豹面，或獼猴面，以血污身，亦各皆噉無量衆生，坐伊蘭樹下。復有無量衆生來食其身，乃至骨鎖。離骨鎖已，數數受身亦復如是。或見王子須曼那華以作瓔珞，載小弊車駕以水牛，從不正道南向馳走。復見四天大王、釋提桓因、大梵天王來至其所，告梵志言：『汝今四邊所有蓮華，應先取一華與轉輪王，一一王子各與一華，其餘諸華與諸小王，次與汝子并及餘人。』梵志得聞如是語已，即如其言悉取賦之。

「如是夢已忽然而寤，從臥起坐，憶念夢中所見諸事，尋時得知：『轉輪聖王所願卑下，愛樂生死貪著世樂。我今復知諸王子中或有所願卑小下劣，以諸王子有發心求聲聞乘者故，我夢見須曼那華以作瓔珞，載水牛車於不正道南向馳走。我何緣故，昨夜夢中見大光明，及見十方無量世界，在在處處諸佛世尊？以我先教閻浮提內無量衆生，悉令安住三福處故，是故於夢得見光明，及見十方無量世界，在在處處諸佛世尊。以我教勅閻浮提內一切衆生，發阿耨多羅三藐三菩提心，請寶藏佛及比丘僧，足滿七歲奉諸所安，是以夢中見十方諸佛與我蓮華。以我發阿耨多羅三藐三菩提心故，是以夢見十方諸佛與我寶蓋。如我所見蓮華臺中見日輪像，有無量光明入我口中，及見大身滿千由旬，七寶蓋上以日為飾，及見腹中有六十億百千菩薩，在蓮華上結加趺坐三昧正受，時梵天王所可教勅賦諸蓮華。如是等夢非我所解，唯有如來乃能解之。我今當往至世尊所問其所以，何因緣故見是諸事？』

「善男子！爾時寶海梵志過夜清旦，即至佛所飲食以辦，自行澡水，手自斟酌上妙餚饌，食已行水收舉鉢訖，即於一面坐卑小床欲聽妙法。爾時聖王及其千子無量無邊百千大眾，出安周羅城，恭敬圍遶向閻浮園，到園外已，如法下車步至佛所，頭面禮佛及比丘僧，在佛前坐為欲聽法。

「爾時梵志如夢中所見具向佛說。佛告梵志：『汝夢所見有大光明，十方無量如恒河沙等諸世界中，在在處處諸佛世尊與汝蓮華，於華臺中有日輪像，大光入口，以汝先於二百五十年中，教閻浮提內無量眾生令住三福處，復令無量眾生發阿耨多羅三藐三菩提心，於今復作如是大施供養如來及比丘僧，以是故十方諸佛授汝阿耨多羅三藐三菩提記。十方如恒河沙等諸佛世尊現在說法，與汝蓮華，銀莖、金葉、琉璃為鬚、馬瑙為*茸，蓮華臺中有日輪像，如是等事皆是汝之受記相貌。

「『梵志！汝夢所見十方如恒河沙等諸世界中，在在處處諸佛世尊現在說法，彼諸世尊所可與汝七寶妙蓋，蓋上莊飾至梵天者，汝於來世當於夜分，成阿耨多羅三藐三菩提，即於其夜有大名稱，遍滿十方如恒河沙等諸世界中上至梵天，當得無見頂相無能過者，即是汝之成道初相。汝夢見大身，又見日鬘而自圍遶者，汝於來世成阿耨多羅三藐三菩提已，汝先所可於閻浮提內教無量眾生，令發阿耨多羅三藐三菩提心者，亦當同時於十方如微塵等世界之中，成阿耨多羅三藐三菩提，亦皆各各發此讚言：「我於往昔為寶海梵志之所勸化，發阿耨多羅三藐三菩提心，是故我等今日悉成阿耨多羅三藐三菩提。某甲世尊，即是我之真善知識。」

「『爾時諸佛各各自遣諸大菩薩為供養汝故，諸菩薩等以先所得*已佛世界，種種自在師子遊戲神足變化而以供養。爾時諸菩薩種種供養已，於彼聽法得陀羅尼三昧忍辱，是諸菩薩聽受法已各還本土，向佛世尊稱說汝國所有諸事。梵志！如是夢事皆是汝之成道相貌。

「『梵志！汝所夢見於其腹內有無量億諸大菩薩，在蓮華上結加趺坐三昧正受者，汝於來世成阿耨多羅三藐三菩提已，復當勸化無量億萬百千眾生，令不退於阿耨多羅三藐三菩提。汝入無上般涅槃已，其後未來之世，當有十方世界無量諸佛法王世尊，亦當稱汝名字作如是言：「過去微塵數等大劫有某甲佛，是佛世尊勸化我等，安住於阿耨多羅三藐三菩提令不退轉，是故我等今成阿耨多羅三藐三菩提作正法王。」梵志！如是等夢皆是汝之成道相貌。

「『梵志！汝夢所見人形猪面，乃至獼猴面，以血汚身噉種種蟲已，坐伊蘭樹下，無量眾生啖食其身，乃至骨瑣，離骨瑣已，數數受身者，有諸癡人住三福處，所謂布施、調伏、善攝身口，如是人等當生魔天，有退沒苦；若生人中，受生、老、病、死、憂悲苦惱、愛別離苦、怨憎會苦、所求不得苦；生餓鬼中，受飢渴苦；生畜生中，無明黑闇有斷頭苦；生地獄中，受種種苦。欲得不離如是諸苦，是故安住修三福處，願求天王、轉輪聖王，或欲主領一四天下，乃至主領四四天下。如是癡人食一切衆生，是衆生等復當還食。如是癡人如是展轉，行於生死不可得量。梵志！如是夢者，即是久受生死之相貌也。

「『梵志！汝夢所見有諸人等，須曼那華以作瓔珞，載小弊車駕以水牛，於不正道南向馳走。梵志！即是安住於三福事，能自調伏令得寂靜，向聲聞乘者之相貌也。』

「善男子！爾時寶海梵志白轉輪王言：『大王！當知人身難得，王今已得成就無難，諸佛世尊出世甚難過優曇華，調善欲心及作善願乃復甚難。大王！今者若願天、人，即是苦本，若欲得主一四天下及二、三、四，亦是苦本輪轉生死。大王！若生人、天，皆是無常無決定相，猶如疾風，其人貪著樂於五欲心不厭足，猶如小兒見水中月。若有願求在天、人中受放逸樂，其人數數墮於地獄受無量苦。若生人中受愛別離苦、怨憎會苦，若生天上有退沒苦，當復數數有受胎苦，復有種種互相食噉奪命之苦，癡如嬰兒心不知厭。何以故？離善知識故，不作善願故，不行精進故，應得者不得故，應解者不解故，應證者不證故，癡如嬰兒無所識別。唯菩提心能離諸苦無有遺餘，而反生厭世間生死，數數受苦而更甘樂，遂令諸苦轉復增長。大王！今當思惟，生死有如是等種種諸苦。

「『大王！今者已供養佛已種善根，是故於三寶中應生深信。大王！當知先所供養佛世尊者，即是來世大富之因，愛護禁戒即是來世人、天中因，今者聽法即是來世智慧因也。大王！今者已得成就如是等事，應發阿耨多羅三藐三菩提心。』

「時王答言梵志：『我今不用如是菩提，我心今者愛樂生死，以是緣故，布施、持戒、聽受妙法。梵志！無上菩提甚深難得。』

「是時梵志復白大王：『是道清淨，應當一心具足願求。是道無濁，心清淨故。是道正直，無諂曲故。是道鮮白，離煩惱故。是道廣大，無障閡故。是道含受，多思惟故。是道無畏，不行諸惡故。是道大富，行檀波羅蜜故。是道清淨，行尸羅波羅蜜故。是道無我，行羼提波羅蜜故。是道不住，行毘梨耶波羅蜜故。是道不亂，行禪波羅蜜故。是道善擇，行般若波羅蜜故。是道乃是真實智慧之所至處，行大慈故。是道不退，行大悲故。是道歡喜，行大喜故。是道堅牢，行大捨故。是道無刺棘，常遠離欲、恚、惱覺故。是道安隱，心無障閡故。是道無賊，分別色、聲、香、味、觸故。是道壞魔，善分別陰、入、界故。是道離魔，斷諸結故。是道妙勝，離聲聞、緣覺所思惟故。是道遍滿，一切諸佛所受持故。是道珍寶，一切智慧故。是道明淨，智慧光明無障閡故。是道善說，為善知識之所護故。是道平等，斷愛憎故。是道無塵，離恚穢忿怒故。是道善趣，離一切不善故。大王！是道如是能到安樂之處乃至涅槃，是故應發阿耨多羅三藐三菩提心。』

「爾時轉輪聖王答大臣言：『梵志！今者如來出現於世，壽八萬歲其命有限，不能悉與一切眾生，斷諸惡業令種善根，種善根已安置聖果，或得陀羅尼三昧忍辱，或得菩薩勝妙善根，諸佛授記得阿耨多羅三藐三菩提，或少善根於天、人中受諸快樂，是諸眾生各各自受善不善報。梵志！於眾生中乃至一人無善根者。如來不能說斷苦法。如來世尊雖為福田，若無善根不能令斷諸苦惱法。梵志！我今發阿耨多羅三藐三菩提心，我行菩薩道時修集大乘，入於不可思議法門，教化眾生而作佛事，終不願於五濁之世穢惡國土發菩提心。我今行菩薩道，願成阿耨多羅三藐三菩提時，世界衆生無諸苦惱。若我得如是佛剎者，爾乃當成阿耨多羅三藐三菩提。』

「善男子！爾時寶藏多陀阿伽度、阿羅呵、三藐三佛陀即入三昧，其三昧名見種種莊嚴。入三昧已作神足變化放大光明，以三昧力故現十方世界，一一方面各千佛剎微塵數等，諸佛世界種種莊嚴。或有世界，佛已涅槃。或有世界，佛始涅槃。或有世界，其中菩薩始坐道場菩提樹下降伏魔怨。或有世界，佛始成道便轉法輪。或有世界，佛久成道方轉法輪。或有世界，純諸菩薩摩訶薩等遍滿其國，無有聲聞、緣覺之名。或有世界，佛說聲聞、辟支佛乘。或有世界，無佛、菩薩、聲聞、緣覺。或有世界，五濁弊惡。或有世界，清淨微妙無諸濁惡。或有世界，卑陋不淨。或有世界，嚴淨妙好。或有世界，壽命無量。或有世界，壽命短促。或有世界，有大火災。或有世界，有大水災。或有世界，有大風災。或有世界，劫始欲成。或有世界，成就以竟。有如是等無量世界，微妙光明悉皆遍照，令得顯現。

「爾時大衆悉見如是等無量清淨諸佛世界種種莊嚴，時寶海梵志白轉輪王：『大王！今者已得見此諸佛世界種種莊嚴，是故今應發阿耨多羅三藐三菩提心，隨意欲求何等佛土。』

「善男子！時轉輪王向佛叉手，而白佛言：『世尊！諸菩薩等以何業故取清淨世界？以何業故取不淨世界？以何業故壽命無量？以何業故壽命短促？』

「佛告聖王：『大王！當知諸菩薩等以願力故，取清淨土離五濁惡。復有菩薩以願力故，求五濁惡。』

「爾時聖王前白佛言：『世尊！我今還城於閑靜處，專心思惟當作誓願：我如所見佛土相貌，離五濁惡，願求清淨莊嚴世界。』

「佛告聖王：『宜知是時。』

「善男子！時轉輪王頭面禮佛及比丘僧，右遶三匝即退而去。便還入城到所住處，自宮殿中在一屏處，一心端坐，思惟修集種種莊嚴己佛世界。

「善男子！時寶海梵志次白太子不眴：『善男子！汝今亦當發於阿耨多羅三

藐三菩提心，如汝所行三福處者，所謂布施、調伏、善攝身口，及餘所行清淨善業，盡應和合迴向阿耨多羅三藐三菩提。』

「爾時太子作如是言：『我今先應還至宮殿，在一屏處端坐思惟，若我必能發阿耨多羅三藐三菩提心者，我當還來至於佛所，當於佛前畢定發心，願取種種淨妙佛土。』

「爾時太子頭面禮佛及比丘僧，右遶三匝即還而去，至本宮殿在一屏處，一心端坐，思惟修集種種莊嚴己佛世界。

「善男子！爾時梵志復白第二王子，作如是言：『善男子！汝今當發阿耨多羅三藐三菩提心。』如是聖王千子皆悉教化，令發阿耨多羅三藐三菩提心。

「爾時梵志復教化八萬四千諸小王等及餘九萬二千億衆生，令發阿耨多羅三藐三菩提心，一切大衆皆作是言：『梵志！我等今當各各還至所住之處，在一靜處一心端坐，思惟修集種種莊嚴己佛世界。』如果大衆一心寂靜於七歲中，各各於己本所住處，一心端坐，思惟修集種種莊嚴己佛世界。

「善男子！寶海梵志復於後時作如是念：『今我教化無量百千億那由他衆生，令發阿耨多羅三藐三菩提心，我今已請佛及大衆，於七歲中奉諸所安，若我當來必成阿耨多羅三藐三菩提所願成就者，我當勸喻天、龍、鬼、神、阿修羅、乾闥婆、緊那羅、摩睺羅伽、夜叉、羅刹、拘辦茶等，令其供養如是大衆。』

「善男子！爾時梵志即念毘沙門天王！爾時天王即知梵志心之所念，與百千億無量夜叉，恭敬圍遶至梵志所，尋於其夜在梵志前，作如是言：『梵志！欲何教勅？』

「梵志問言：『汝是誰耶？』

「毘沙門言：『梵志！汝頗曾聞毘沙門王不？即我身是！欲何所勅？』

「時梵志言：『善來大王！我今供養如是大衆，汝可助我共供養之。』

「毘沙門王言：『敬如所勅，隨意所須。』

「梵志復言：『大王！若能隨我意者，令諸夜叉發阿耨多羅三藐三菩提心，復當宣告諸夜叉等：「欲得福者，欲得阿耨多羅三藐三菩提者，可度大海日日往取牛頭栴檀及以沈水并諸餘香，種種諸華持來至此，亦當如我日日供養佛及衆僧。』」

「爾時天王聞是語已，還至住處擊鼓集會夜叉、羅剎，唱如是言：『卿等知不？此閻浮提有轉輪聖王名無諍念，有梵志名曰寶海，即是聖王之大臣也。終竟七歲請佛及僧，奉諸所安。卿等於此福德應生隨喜，生隨喜已以是善根，發心迴向阿耨多羅三藐三菩提。』

「善男子！爾時有百千無量億那由他夜叉等，叉手合掌作如是言：『若寶海梵志於七歲中供養如來及比丘僧，奉諸所安，善根福報我等隨喜。以是隨喜善根故，令我等成阿耨多羅三藐三菩提。』

「爾時天王復作是言：『卿等諦聽！欲得福德及善根者，便可日日渡於大海，為彼梵志取牛頭栴檀及以沈水，熟食飯佛及比丘僧。』

「時有九萬二千夜叉同時發言：『天王！我等今者於七歲中，常當取是牛頭栴檀及以沈水與彼梵志，熟食飯佛及比丘僧。』

「復有四萬六千夜叉亦同聲言：『我等當取微妙諸香與彼梵志，供養如來及比丘僧。』

「復有五萬二千諸夜叉等，亦各同聲作如是言：『我等當取種種妙華與彼梵志，供養如來及比丘僧。』

「復有二萬諸夜叉等亦同聲言：『我等當取諸味之精與彼梵志，調和飲食以供養佛及比丘僧。』

「爾時復有七萬夜叉亦同聲言：『我等當往與作飲食，供養如來及比丘僧。』

「善男子！爾時梵志復作是念：『次當勸喻毘樓勒叉天王、毘樓羅叉天王、提頭賴吒天王。』

「作是念已，爾時三王即知其念，往梵志所，乃至還所住處。毘樓勒叉與百千億那由他拘辦茶等，毘樓羅叉天王與百千無量億那由他諸龍，提頭賴吒與百千無量億那由他諸乾闥婆，乃至發阿耨多羅三藐三菩提心亦如是。

「善男子！爾時梵志即復念於第二天下四天大王，彼四天王以佛力故，至梵志所作如是言：『梵志！今者欲何所勅？』梵志答言：『我今勸汝與諸眷屬發阿耨多羅三藐三菩提心。』四天王言：『敬如所勅。』即各還至所住之處，與諸眷屬悉共發於阿耨多羅三藐三菩提心。如是乃至三千大千世界百億毘沙門王，發阿耨多羅三藐三菩提心，百億毘樓勒叉天王、百億毘樓羅叉、百億提頭賴吒，各各自與所有眷屬，亦復如是發阿耨多羅三藐三菩提心。

「善男子！爾時梵志復作是念：『若我未來必成阿耨多羅三藐三菩提，所願成就得己利者，當令一切諸天皆使得此福德之分，亦勸使發阿耨多羅三藐三菩提心。若我來世以是善根，必成阿耨多羅三藐三菩提者，忉利天王當來至此與我相見，夜摩天子、兜術天子、化樂天子、他化自在天子，亦當來此與我相見。』

「善男子！爾時梵志作是念已，忉利天王、夜摩天王、兜術天王、化樂天王、他化自在天王，悉皆來此，與梵志相見作如是言：『梵志！今者欲何所勅？』

「梵志答言：『汝是誰也？』

「時五天王各稱姓名，復言：『梵志！欲何所勅？不須在此大會使耶？』

「梵志答言：『天王！當知汝等天上所有妙寶臺殿樓閣，有諸寶樹及諸衣樹、香樹、華樹、果蓏之樹，天衣、天座、綩綖茵蓐，上妙寶器及以瓔珞，天幢、天蓋、諸繒幡等種種莊嚴，諸天所有種種伎樂。汝等可以如此之物，種種莊嚴此閻浮園，供養於佛及比丘僧。』

「時五天王作如是言：『敬如所勅。』

「時諸天王各各還至所住之處，忉利天王告毘樓勒天子，夜摩天王告阿荼滿天子，兜術天王告路醯天子，化樂天王告拘陀羅天子，他化自在天王告難陀天子，各作是言：『卿今當下閻浮提界，以此所有種種莊嚴彼閻浮園，懸諸瓔珞，敷種種座，如諸天王種種莊嚴，為如來故作寶高樓，當使如此忉利天上所有寶樓。』

「是諸天子聞是教已，即下來至閻浮提中，尋於其夜種種莊嚴是閻浮園，以諸寶樹乃至天幡而莊挍之，為如來故作七寶樓，如忉利天所有寶樓。是五天子持諸寶物，種種莊嚴閻浮提園已，尋還天上各白其王：『大王！當知我等已往莊挍彼園，所有之物如此無異，為如來故作七寶樓，如忉利天所有寶樓，等無差別。』

「善男子！時忉利天王、夜摩天王、兜術天王、化樂天王、他化自在天王，即便來至閻浮提中，到梵志所作如是言：『梵志！我今已為佛及衆僧莊挍此園，更何所勅願便說之！』

「梵志答言：『汝等各各自於境界，有自在力可集諸天，汝持我言：「閻浮提內有大梵志名曰寶海，於七歲中請佛世尊及無量僧奉諸所安。卿等今者於此福德應生隨喜，生隨喜已，發心迴向阿耨多羅三藐三菩提，是故應往佛所見佛世尊及比丘僧，供養所須聽受妙法。」』

「時五天王從梵志所聞是言已，各各自還至所住處。爾時忉利天王釋提桓因，即集諸天而告之曰：『卿等當知閻浮提內有轉輪王名無諍念，有大梵志名曰寶海，即其聖王之大臣也。請佛世尊及無量億僧，終竟七歲奉諸所安，我已先為佛、比丘僧，取諸寶物種種莊嚴彼閻浮園。卿等以是善根因緣生隨喜心，生隨喜已，發心迴向阿耨多羅三藐三菩提，亦令梵志得如所願。』

「善男子！爾時百千無量億那由他忉利天子，恭敬叉手作如是言：『我等今者於是善根生隨喜心，以是隨喜故，令我等一切得成阿耨多羅三藐三菩提。』

夜摩天王、兜術天王、化樂天王、他化自在天王，如是等各集諸天而告之曰：『卿等當知閻浮提內有轉輪聖王名無諍念，有大梵志名曰寶海，即其聖王之大臣也。請佛世尊及無量億僧，終竟七歲奉諸所安，我已先為佛、比丘僧取諸寶物種種莊挍彼閻浮園。卿等以是善根因緣故應生隨喜，生隨喜已，發心迴向阿耨多羅三藐三菩提，當令梵志得如所願。』

「善男子！爾時四天各有百千無量億那由他天子，恭敬叉手作如是言：『我等今者於是善根生隨喜心，以是隨喜故，令我等一切皆得成阿耨多羅三藐三菩提。』

「爾時五王各各告言：『卿等今當至閻浮提見寶藏佛及比丘僧，禮拜圍遶，恭敬供養尊重讚歎。』

「善男子！時五天王各各於夜，一一將諸天子、天女、童男、童女及餘眷屬百千億那由他衆，前後圍遶來至佛所，頂禮佛足及比丘僧，從佛聽法至明清旦，還住虛空，以種種天華，優鉢羅華、鉢頭摩華、拘物頭華、分陀利華、須曼那華、婆尸師華、阿提目多伽、占婆伽華、曼陀羅華、摩訶曼陀羅華，以散大會如雨而下，并鼓天樂而以供養。

「善男子！爾時寶海梵志復作是念：『若我當來必成阿耨多羅三藐三菩提，所願成就得己利者，復當教化諸阿修羅，悉令發於阿耨多羅三藐三菩提心。』

「善男子！爾時梵志作是念已，有五阿修羅王到梵志所，乃至百千無量億那由他阿修羅，男子、女人、童男、童女，如梵志教，發阿耨多羅三藐三菩提心，至於佛所聽受妙法。

「善男子！爾時寶海梵志復作是念：『若我當來必成阿耨多羅三藐三菩提，所願成就得己利者，復當教化天魔波旬，令發阿耨多羅三藐三菩提心。』

「善男子！時魔波旬即知梵志心之所念，尋與百千無量億那由他男子、女人、童男、童女，至梵志所敬如教勅，發阿耨多羅三藐三菩提心，乃至聽法亦復如是。」

悲華經卷第二

悲華經卷第三

北涼天竺三藏曇無讖譯

大施品第三之二

佛復告寂意：「善男子！爾時梵志復作是念：『若我當來成阿耨多羅三藐三菩提，所願成就得己利者，次當教化大梵天王，發阿耨多羅三藐三菩提心。』

「時梵天王即知梵志心之所念，到梵志所作如是言：『欲何所勅？』

「梵志問言：『汝是誰也？』

「梵王報言：『我是大梵天王。』

「梵志答言：『善來！天王可還天上集會諸天，汝持我言：「閻浮提內有大梵志名曰寶海，於七歲中請佛世尊及無量僧奉諸所安。卿等今者於此福德應生隨喜，生隨喜已，發心迴向阿耨多羅三藐三菩提。」』

「爾時梵王聞是教已，尋還天上聚集諸梵，而告之言：『卿等當知閻浮提內有轉輪聖王名無諍念，有大梵志名曰寶海，即其聖王之大臣也。請佛世尊及無量僧，終竟七歲奉諸所安。卿等以是善根應生隨喜，生隨喜已，發心迴向阿耨多羅三藐三菩提，當令寶海得如所願。』

「善男子！爾時百千無量億那由他諸梵天子，恭敬叉手作如是言：『我等今者於是善根生隨喜心，以是隨喜故，悉令我等一切皆得成阿耨多羅三藐三菩提。』

「復更告言：『卿等今當至閻浮提見寶藏佛及比丘僧，禮拜圍遶，恭敬供養尊重讚歎。』

「善男子！時梵天王與百千無量億那由他諸梵天子，前後圍遶來至佛所，頭面禮佛足及比丘僧聽受妙法。

「善男子！爾時梵志復作是念：『復當教化第二天下。』

「忉利天王、夜摩天王、兜術天王、化樂天王、他化自在天王，以佛力故即各來至是梵志所，各作是言：『欲何所勅？』

「梵志問言：『汝是誰也？』

「各各答言：『我是其餘忉利天王，乃至他化自在天王。』

「梵志報言：『汝等各還至所住處，汝持我言：「閻浮提內有轉輪王名無諍念，有大梵志名曰寶海，即其聖王之大臣也。終竟七歲供養如來及比丘僧。卿等以是善根應生隨喜，生隨喜已，發心迴向阿耨多羅三藐三菩提。」』

「忉利天王乃至他化自在天王聞是語已，各各還至所住之處，即集會諸天而告之言：『卿等當知閻浮提內有轉輪聖王名無諍念，有大梵志名曰寶海，即其聖王之大臣也。終竟七歲供養如來及比丘僧。卿等以是善根因緣故應生隨喜，生隨喜已，發心迴向阿耨多羅三藐三菩提。』

「善男子！時諸天眾恭敬叉手作如是言：『我等今者於是善根生隨喜心，以隨喜故，悉令我等一切皆得成阿耨多羅三藐三菩提。』

「復更告言：『卿等今者當至佛所見佛世尊及比丘僧，禮拜圍遶，恭敬供養尊重讚歎。』

「善男子！爾時忉利天王乃至他化自在天王，各各悉與百千無量億那由他天子、天女、童男、童女及餘眷屬，前後圍遶來至佛所，頂禮佛足及比丘僧聽受妙法。第二天下五阿修羅王、天魔波旬、大梵天王，亦復如是。第三、第四、第五乃至三千大千佛之世界，百億忉利天、百億夜摩天、百億兜率天、百億化樂天、百億他化自在天、百億五阿修羅王、百億魔波旬、百億大梵天王，及無量億百千那由他眷屬，悉發阿耨多羅三藐三菩提心。以佛力故皆共來到此四天下，至於佛所，頭面禮佛及比丘僧聽受妙法。爾時大眾悉皆遍滿此間，三千大千世界無空缺處。

「善男子！爾時寶海梵志復作是念：『我今已得教化百億毘沙門天王乃至百億大梵天王，而我今者所有誓願已得自在。』復作是念：『若我來世必成阿耨多羅三藐三菩提，逮得己利所願成就者，願佛世尊為諸大眾示現種種神足變化，以純受諸樂。各於一一眾生之前，有一化佛勸彼眾生，令發阿耨多羅三藐三菩提心。』

「善男子！爾時寶藏如來尋知寶海心之所念，即時入於無熱三昧。爾時世尊入是三昧已，示現如是神足變化，一一毛孔放於無量無邊光明，其光微妙遍照三千大千世界及照地獄，氷凍眾生遇之則溫，熱惱眾生遇之則涼，飢渴眾生遇之則飽，受最妙樂。一一眾生各於其前有一化佛，三十二相瓔珞其身，八十種好次第莊嚴。彼諸眾生受快樂已，作如是思惟：『我等何緣得離苦惱受是妙樂？』爾時眾生見於化佛，三十二相而自瓔珞，八十種好次第莊嚴，見如是已各作是言：『蒙是成就大悲者恩，令我得離一切苦惱受於妙樂。』爾時眾生以歡喜心瞻仰尊顏。

「爾時化佛告諸眾生：『汝等皆應稱南無佛！發阿耨多羅三藐三菩提心，從是已後更不受苦，常受第一最妙快樂。』

「彼諸眾生尋作是言：『南無世尊！』發阿耨多羅三藐三菩提心，以此善根斷一切惡，而於其中尋得命終轉生人中。

「熱惱眾生以蒙光故尋得清涼，離飢渴苦受諸妙樂，乃至生於人中，如地獄，畜生、餓鬼、人亦如是，其光遍照諸世界已，還遶佛身滿三匝已，從頂上入。是時即有無量無邊人、天、夜叉、阿修羅、乾闥婆、諸龍、羅剎，得不退轉於阿耨多羅三藐三菩提，復有不可計眾生得陀羅尼三昧忍辱。

「爾時閻浮人間無量諸天，為佛世尊及比丘僧，自以天上種種所有莊挍嚴飾，安周城外閻浮之園，如天莊嚴等無差別。是人復作是念：『我等今者當往觀之，并見如來及比丘僧因聽受法。』

「善男子！爾時日日常有百千無量億那由他男子、女人、童男、童女，來至佛所頭面禮佛及比丘僧，右遶三匝，恭敬供養尊重讚歎，并欲見此閻浮之園。其園門戶具足二萬純七寶成，一一門前復敷五百七寶之床，有五百梵志各坐其上，若有眾生欲入是園，此諸梵志輒便勸化，令其畢定歸依三寶，發阿耨多羅三藐三菩提心，然後乃聽入此園中，見於世尊及比丘僧禮拜圍遶，恭敬供養尊重讚歎。

「善男子！爾時梵志於七歲中教化不可計天，令其畢定住於阿耨多羅三藐三菩提，復令不可計龍、阿修羅、乾闥婆、羅刹、拘槃茶、毘舍遮、餓鬼、畜生、地獄及人，畢定住於阿耨多羅三藐三菩提。善男子！爾時梵志過七歲已，以八萬四千金輪，惟除天輪；八萬四千白象七寶莊嚴，惟除象寶；乃至八萬四千種種諸樂，如是等物，欲以奉獻佛及衆僧。

「爾時轉輪聖王於七歲中，心無欲欲、無瞋恚欲、無愚癡欲、無憍慢欲、無國土欲、無兒息欲、無玉女欲、無食飲欲、無衣服欲、無華香欲、無車乘欲、無睡眠欲、無想樂欲、無有我欲、無有他欲。如是七歲乃至無有一欲之心，常坐不臥無晝夜想，無疲極想，亦復無聲、香、味、觸想，而於其中常見十方。一一方面如萬佛土微塵數等，諸佛世界清淨莊嚴。不見須彌及諸小山、大小鐵圍二山中間幽冥之處、日月星辰、諸天宮殿，其所見者，惟見清淨莊嚴佛土，見是事已隨願取之。如轉輪聖王於七歲中得受快樂，見於清淨種種莊嚴諸佛世界，願取上妙清淨佛土。

「轉輪聖王太子不瞬，乃至千子、八萬四千諸小王等，及九萬二千億衆生等，各七歲中心無欲欲，乃至無有香、味、觸想，各於靜處入定思惟，亦得見於十方世界，一一方面如萬佛土微塵數等，諸佛世界所有莊嚴。不見須彌及諸小山、大小鐵圍二山中間幽冥之處、日月星辰、諸天宮殿，其所見者，惟見清淨莊嚴佛土，如其所見隨而取之。如是一切諸大衆等，於七歲中各得修行種種法門，或願清淨佛土，或願不淨佛土。

「善男子！爾時梵志過七歲已，持諸七寶奉獻於佛及比丘僧，向佛合掌前白佛言：『世尊！我已勸化轉輪聖王發阿耨多羅三藐三菩提心，還至住處靜坐思惟，乃至不聽一人令入。我復勸化其王千子發阿耨多羅三藐三菩提心，是諸王子亦各還至所住之處靜坐思惟，乃至不聽一人令入。八萬四千小王、九萬二千億衆生等，亦發阿耨多羅三藐三菩提心，各在靜處端坐思惟，乃至不聽一人令入。世尊！今當令是轉輪王等，從三昧起來至佛所，及我先所教化令發阿耨多羅三藐三菩提心者，悉令集此佛世尊所，一心端坐受於清淨佛之世界，不退轉於阿耨多羅三藐三菩提，從佛授記已，當取國土及名姓字。』

「善男子！爾時寶藏如來即入三昧王三昧，入是三昧已，於其口中出種種色光青、黃、赤、白、紫，如轉輪王在定中者，各於其前有化梵王，作如是言：『汝等今者可從定起至於佛所，見佛世尊及比丘僧，禮拜圍遶，恭敬供養尊重讚歎。汝等當知寶海梵志於七歲中作法會竟，今佛世尊復當遊行諸餘國土。』時轉輪王等聞是言已，尋從定起。爾時諸天在虛空中作諸伎樂，是時聖王即便嚴駕，與其千子、八萬四千諸小王等、九萬二千億人前後導從，出安周羅城向閻浮園。既到園外如法下車，步至佛所，頭面禮佛及比丘僧却坐一面。

「善男子！爾時梵志白聖王言：『惟願大王持此寶物，并及大王先於三月供養如來及比丘僧，種種珍寶八萬四千安周羅城，如是福德今應迴向阿耨多羅三藐三菩提。』其王千子、八萬四千諸小王等、九萬二千億人，皆悉教令迴向阿耨多羅三藐三菩提。復作是言：『大王！當知以此布施不應求於忉利天王、大梵天王，何以故？王今福報所有珍寶皆是無常，無決定相猶如疾風，是故應當以此布施所得果報，令心自在速成阿耨多羅三藐三菩提，度脫無量無邊衆生令入涅槃。』

悲華經諸菩薩本授記品第四之一

「爾時寶藏如來復作是念：『如是等無量衆生，已不退轉於阿耨多羅三藐三菩提，我今當與各各授記，并為示現種種佛土。』爾時世尊即入三昧，其三昧名不失菩提心，以三昧力故放大光明，遍照無量無邊世界，皆悉令是轉輪聖王及無量衆生等，見無邊諸佛世界。爾時十方無量無邊諸餘世界，其中各各有大菩薩，蒙佛光故以佛力故，各各悉來至於佛所，以己所得神足變化，供養於佛及比丘僧，頭面禮足右遶三匝，坐於佛前欲聽如來為諸菩薩受佛記莂。

「善男子！爾時寶海梵志復白聖王：『大王！今可先發誓願取妙佛土。』

「善男子！爾時聖王聞是語已，即起合掌長跪向佛，前白佛言：『世尊！我今真實欲得菩提，如我先於三月之中，以諸所須供養於佛及比丘僧，如是善根我今迴向阿耨多羅三藐三菩提，終不願取不淨佛土。世尊！我先已於七歲之中，端坐思惟種種莊嚴清淨佛土。世尊！我今發願，令我得成阿耨多羅三藐三菩提時：

世界之中無有地獄、畜生、餓鬼，一切眾生命終之後，令不墮於三惡道中。世界眾生皆作金色。人、天無別皆得六通。以宿命通，乃至得知百千萬億那由他劫宿世之事。以清淨天眼，悉見百千億那由他十方世界，亦見其中在在處處現在諸佛說微妙法。以清淨天耳，悉聞百千億那由他十方世界現在諸佛說法之聲。以他心智故，知無量無邊億那由他十方世界眾生之心。以如意通故，於一念中遍於百千億那由他諸佛世界，周旋往返。令是眾生悉解無我及無我所，皆得不退於阿耨多羅三藐三菩提。

願我世界無有女人及其名字。一切眾生等一化生，壽命無量，除其誓願，無有一切不善之名。世界清淨無有臭穢，常有諸天微妙之香皆悉充滿。一切眾生皆悉成就三十二相而各瓔珞。所有菩薩皆是一生，除其誓願。

願我世界所有衆生於一食頃，以佛力故遍至無量無邊世界，見現在佛，禮拜圍遶，以其所得神足變化供養於佛，即於食頃還至本土，而常講說佛之法藏；身得大力如那羅延。

世界所有莊嚴之事，乃至得天眼者不能盡說。

所有衆生皆得四辯。

一一菩薩所坐之樹，枝葉遍滿一萬由旬。

世界常有淨妙光明，悉令他方無量佛土種種莊嚴而於中現。

所有衆生乃至成阿耨多羅三藐三菩提，不行不淨，常為其餘一切諸天、人及非人之所恭敬供養尊重，乃至成阿耨多羅三藐三菩提，而於其中常得六根清淨。即於生時得無漏喜，受於快樂，自然成就一切善根。尋於生時著新袈裟便得三昧，其三昧名善分別。以三昧力遍至無量諸佛世界，見現在佛禮拜圍遶，恭敬供養尊重讚歎，乃至成阿耨多羅三藐三菩提，於此三昧無有退失。

所有菩薩如其所願，各自莊嚴修淨妙土，於七寶樹中悉皆遙見諸佛世界一切眾生。尋於生時得遍至三昧，以三昧力故，常見十方無量無邊諸世界中現在諸佛，乃至成阿耨多羅三藐三菩提終不退失。

願令我界所有眾生，皆得宮殿、衣服、瓔珞、種種莊嚴，猶如第六化自在天。世界無有山陵、堆阜、大小鐵圍、須彌、大海，亦無陰蓋及諸障閡、煩惱之聲，無三惡道、八難之名，無有受苦之名及不苦不樂名。

世尊！我今所願如是，欲得如是嚴淨佛土。世尊！我於來世便當久久行菩薩道，要得成就如是清淨佛土。世尊！我於來世作是希有事已，然後乃成阿耨多羅三藐三菩提。

世尊！我成阿耨多羅三藐三菩提時，菩提樹縱廣正等一萬由旬，於此樹下坐道場時，於一念中成阿耨多羅三藐三菩提。成阿耨多羅三藐三菩提已，光明照於無量無邊百千億那由他諸佛世界。

令我壽命無量無邊百千億那由他劫無能知者，除一切智。

令我世界無有聲聞、辟支佛乘，所有大眾純諸菩薩，無量無邊無能數者，除一切智。

願我成阿耨多羅三藐三菩提已，令十方諸佛稱揚讚歎我之名字。

願我成阿耨多羅三藐三菩提已，無量無邊阿僧祇餘佛世界，所有衆生聞我名者，修諸善本欲生我界，願其捨命之後必定得生，惟除五逆、誹謗聖人、廢壞正法。

願我成阿耨多羅三藐三菩提已，其餘無量無邊阿僧祇諸佛世界所有衆生，若發阿耨多羅三藐三菩提，修諸菩提欲生我界者，臨終之時，我時當與大衆圍遶現其人前，其人見我即於我所得心歡喜，以見我故離諸障閡，即便捨身來生我界。

願我成阿耨多羅三藐三菩提已，諸菩薩摩訶薩所未聞法欲從我聞者，如其所願悉令得聞。

願我成阿耨多羅三藐三菩提已，其餘無量無邊阿僧祇世界，在在處處諸菩薩等聞我名者，即得不退轉於阿耨多羅三藐三菩提，得第一忍、第二、第三。有願欲得陀羅尼及諸三昧者，如其所願必定得之，乃至成阿耨多羅三藐三菩提無有退失。

我滅度後過諸算數劫已，有無量無邊阿僧祇世界，其中菩薩聞我名字，心得淨信第一歡喜，悉禮拜我歎未曾有：是佛世尊為菩薩時已作佛事，久久乃成阿耨多羅三藐三菩提。彼諸菩薩得最第一信心歡喜已，必定當得第一初忍、第二、第三。有願欲得陀羅尼門及諸三昧者，如其所願悉皆得之，乃至成阿耨多羅三藐三菩提無有退失。

我成阿耨多羅三藐三菩提已，其餘無量無邊阿僧祇世界，有諸女人聞我名者，即得第一信心歡喜，發阿耨多羅三藐三菩提心，乃至成佛終不復受女人之身。

願我滅度已，雖經無量無邊阿僧祇劫，有無量無邊阿僧祇佛剎，其中女人聞我名者，即得第一信心歡喜，發阿耨多羅三藐三菩提心，乃至成佛終不復受女人之身。

世尊！我之所願如是佛土，如是衆生。世尊！若世界清淨衆生如是者，然後乃成阿耨多羅三藐三菩提。』

「善男子！爾時寶藏如來語轉輪王言：『善哉！善哉！大王！今者所願甚深，已取淨土，是中衆生其心亦淨。大王！汝見西方過百千萬億佛土，有世界名尊善無垢，彼界有佛名尊音王如來、應供、正遍知、明行足、善逝、世間解、無上士、調御丈夫、天人師、佛、世尊，今現在為諸菩薩說於正法。彼界無有聲聞、辟支佛名，亦無有說小乘法者，純一大乘清淨無雜。其中衆生等一化生，亦無女人及其名字。彼佛世界所有功德清淨莊嚴，悉如大王所願無量種種莊嚴，佛之世界等無差別，悉已攝取無量無邊調伏衆生，今改汝字為無量清淨。』

「爾時世尊便告無量清淨：『彼尊音王佛過一中劫當般涅槃，般涅槃已正法住世滿十中劫。正法滅已過六十中劫，彼土轉名彌樓光明，當有如來出現於世，號不可思議功德王如來、應供、正遍知、明行足、善逝、世間解、無上士、調御丈夫、天人師、佛、世尊。是佛猶如尊音王如來，世界莊嚴如尊善無垢等無有異。其佛壽命六十中劫，佛滅度已正法住世六十中劫。正法滅已過千中劫，是時世界故名尊善無垢，復有佛出號寶光明如來、應供、正遍知、明行足、善逝、世間解、無上士、調御丈夫、天人師、佛、世尊，世界所有、壽命多少、正法住世亦如不可思議功德王佛等無有異。正法滅已，是時世界轉名善堅，復有佛出號寶尊音王如來、應供、正遍知、明行足、善逝、世間解、無上士、調御丈夫、天人師、佛、世尊，世界莊嚴如前無異，佛壽三十五中劫，佛滅度後正法住世滿七中劫。正法滅已，復有無量無邊諸佛次第出世，所有世界、壽命、正法悉亦如是。

「『我今皆見如是諸佛始初成道及其滅度，是時世界常住不異無有成敗。大王！如是諸佛悉滅度已，復過一恒河沙等阿僧祇劫，入第二恒河沙等阿僧祇劫，是時世界轉名安樂，汝於是時當得作佛，號無量壽如來、應供、正遍知、明行足、善逝、世間解、無上士、調御丈夫、天人師、佛、世尊。』

「是時聖王聞是語已，前白佛言：『世尊！如是等輩當成佛者為在何處？』

「佛告大王：『如是菩薩今在此會，其數無量不可稱計，悉從十方餘佛世界而來集此，供養於我聽受妙法。是諸菩薩已從過去諸佛授阿耨多羅三藐三菩提記，復從現在十方諸佛授阿耨多羅三藐三菩提記，是故先成阿耨多羅三藐三菩提。

大王！是諸菩薩已曾供養無量無邊百千萬億那由他佛，種諸善根修集智慧。大王！以是之故是諸菩薩在於汝前成阿耨多羅三藐三菩提。」

「時轉輪王復白佛言：『世尊！是寶海梵志，乃能勸我及諸眷屬發阿耨多羅三藐三菩提心，是梵志於未來世為經幾時當成阿耨多羅三藐三菩提？』

「佛告大王：『是梵志成就大悲故，於未來世師子吼時汝自知之。』

「時轉輪王復白佛言：『世尊！若我所願成就如佛所記者，我今頭面禮佛，當令十方如恒河沙等世界六種震動，其中諸佛亦當為我授阿耨多羅三藐三菩提記。』

「善男子！爾時無量淨王作是語已，尋於佛前頭面著地。爾時十方如恒河沙等諸佛世界六種震動，是中諸佛即與授記作如是言：『刪提嵐界善持劫中人壽八萬歲，有佛出世號曰寶藏。有轉輪聖王名無量淨，主四天下，三月供養寶藏如來及比丘僧。以是善根故，過一恒河沙等阿僧祇劫已，始入第二恒河沙阿僧祇劫，當得作佛號無量壽，世界名安樂，常身光照縱廣周匝十方，各如恒河沙等諸佛世界。

「爾時寶藏如來即為大王說此偈言：

十方世界，　震動大地，　及餘山林，　如恒沙等。
汝今可起，　已得授記，　為天人尊，　勝法調御。

「善男子！爾時轉輪聖王聞是偈已，心生歡喜，即起合掌前禮佛足，去佛不遠復坐聽法。

「善男子！爾時寶海梵志復白聖王第一太子言：『善男子！持此寶物并及先所於三月中供養如來及比丘僧種種珍寶，如是福德和合集聚，迴向阿耨多羅三藐三菩提。』復作是言：『善男子！以此所施不應求於忉利天王、大梵天王，何以故？今者所有福報之物皆是無常，無決定相猶如疾風。是故應當以是布施所得果報令心自在，速成阿耨多羅三藐三菩提，度脫無量無邊眾生，令入涅槃。』

「是時太子聞是語已，答梵志言：『我今觀於地獄眾生多諸苦惱，人、天之中或有垢心，以垢心故數數墮於三惡道中。』

「復作是念：『是諸眾生以坐親近惡知識故，退失正法墮大闇處，盡諸善根攝取種種諸邪見等，以覆其心行於邪道。世尊！今我以大音聲告諸眾生，我之所有一切善根，盡迴向阿耨多羅三藐三菩提。願我行菩薩道時，若有眾生受諸苦惱恐怖等事，退失正法墮大闇處，憂愁孤窮無有救護無依無舍，若能念我稱我名字，若其為我天耳所聞、天眼所見，是眾生等若不得免斯苦惱者，我終不成阿耨多羅三藐三菩提。』

「復白佛言：『世尊！我今復當為眾生故，發上勝願。世尊！我今若能逮得己利者，願令轉輪聖王，過第一恒沙等阿僧祇劫已，始入第二恒沙等阿僧祇劫，是時世界名曰安樂，大王成佛號無量壽，世界莊嚴眾生清淨作正法王。是佛世尊於無量劫作佛事已，所作已辦入無餘涅槃，乃至正法住時，我於其中修菩薩道，即於是時能作佛事。是佛正法於初夜滅，即其後夜成阿耨多羅三藐三菩提。』

「復白佛言：『惟願世尊為我授記，今我一心請於十方如恒河沙等現在諸佛，惟願各各為我授記。』

「善男子！爾時寶藏佛尋為授記：『善男子！汝觀天、人及三惡道一切眾生，生大悲心，欲斷衆生諸苦惱故，欲斷衆生諸煩惱故，欲令衆生住安樂故。善男子！今當字汝為觀世音。善男子！汝行菩薩道時，已有百千無量億那由他衆生得離苦惱，汝為菩薩時已能大作佛事。善男子！無量壽佛般涅槃已，第二恒河沙等阿僧祇劫後分，初夜分中正法滅盡，夜後分中彼土轉名一切珍寶所成就世界，所有種種莊嚴無量無邊，安樂世界所不及也。善男子！汝於後夜種種莊嚴，在菩提樹下坐金剛座，於一念中間成阿耨多羅三藐三菩提，號遍出一切光明功德山王如來、應供、正遍知、明行足、善逝、世間解、無上士、調御丈夫、天人師、佛、世尊，其佛壽命九十六億那由他百千劫，般涅槃已正法住世六十三億劫。』

「爾時觀世音前白佛言：『若我所願得成就者，我今頭面敬禮佛時，當令十方如恒河沙等諸世界中現在諸佛，亦復各各為我授記，亦令十方如恒河沙等世界大地及諸山河六種震動，出種種音樂，一切衆生心得離欲。』

「善男子！爾時觀世音菩薩尋禮寶藏如來頭面著地。爾時十方如恒河沙等世界六種震動，一切山林悉出種種無量音樂，衆生聞已即得離欲，其中諸佛皆與授記作如是言：『散提嵐界善持劫中人壽八萬歲，時有佛出世號曰寶藏。有轉輪聖王名無量淨，主四天下，其王太子名觀世音，三月供養寶藏如來及比丘僧，以是善根故，於第二恒河沙等阿僧祇劫後分之中當得作佛，號遍一切光明功德山王如來，世界名曰一切珍寶所成就也。』

「爾時寶藏如來為觀世音而說偈言：

大悲功德，　今應還起，　地六種動，　及諸佛界。
十方諸佛，　已授汝記，　當成為佛，　故應歡喜。

「善男子！爾時太子觀世音聞是偈已心生歡喜，即起合掌前禮佛足，去佛不遠復坐聽法。

「善男子！爾時寶海梵志復白第二王子尼摩言：『善男子！汝今所作福德清淨之業，為一切眾生得一切智故，應迴向阿耨多羅三藐三菩提。』

「善男子！爾時王子在佛前坐，叉手白佛言：『世尊！如我先於三月之中，供養如來及比丘僧，並我所有身、口、意業清淨之行，如此福德我今盡以迴向阿耨多羅三藐三菩提，不願不淨穢惡世界，令我國土及菩提樹，如觀世音所有世界種種莊嚴寶菩提樹，及成阿耨多羅三藐三菩提。復願遍出功德光明佛始初成道，我當先請轉於法輪，隨其說法所經時節，於其中間行菩薩道。是佛涅槃後正法滅已，我於其後次第成於阿耨多羅三藐三菩提。我成佛時所作佛事，世界所有種種莊嚴，般涅槃後正法住世，如是等事悉如彼佛等無有異。』

「爾時佛告第二王子：『善男子！汝今所願最大世界，汝於來世當得如是大世界處如汝所願。善男子！汝於來世當於如是最大世界成阿耨多羅三藐三菩提，號曰善住珍寶山王如來、應供、正遍知、明行足、善逝、世間解、無上士、調御丈夫、天人師、佛、世尊。善男子！由汝願取大世界故，因字汝為得大勢。』

「爾時得大勢前白佛言：『世尊！若我所願成就得已利者，我今敬禮於佛，當令十方如恒河沙等諸世界六種震動，雨須曼那華，其中現在諸佛各授我記。』

「善男子！爾時得大勢在於佛前頭面著地，尋時十方如恒河沙等世界六種震動，天雨須曼那華，其中現在諸佛世尊各與授記。

「爾時寶藏如來為得大勢而說偈言：

堅力功德，　今可還起，　大地震動，　雨須曼華。
十方諸佛，　已授汝記，　當來得成，　人天梵尊。

「善男子！爾時得大勢聞是偈已，心生歡喜，即起合掌前禮佛足，去佛不遠復坐聽法。

「善男子！爾時寶海梵志復白第三王子王衆言：『善男子！今汝所作福德之聚清淨之業，應為一切衆生得一切智故，迴向阿耨多羅三藐三菩提。』

「善男子！爾時第三王子在佛前坐，叉手白佛言：『世尊！如我先於三月之中供養如來及比丘僧，并我所有身、口、意業清淨之行，如是福德今我盡以迴向阿耨多羅三藐三菩提。我今所願不能於是不淨世界成阿耨多羅三藐三菩提，亦復不願速成阿耨多羅三藐三菩提。

「『我行菩薩道時，願令我所化十方無量無邊諸佛世界所有衆生，發阿耨多羅三藐三菩提心，安止於阿耨多羅三藐三菩提心，勸化安止於六波羅蜜者，願令先我悉於十方一一方面，如恒河沙佛剎微塵數等諸佛世界成佛說法，令我爾時以清淨天眼悉遍見之，願我為菩薩時能作如是無量佛事。我於來世行菩薩道無有齊限，我所教化諸眾生等，令其心淨猶如梵天，如是眾生生我界者，爾乃當成阿耨多羅三藐三菩提。

「『以是等清淨莊嚴佛剎，願令三千大千世界恒河沙等十方佛土為一佛剎，周匝世界有大寶牆七寶填廁，其牆高大至無色界，真紺琉璃以為其地，無諸塵土、石沙、穢惡、荊蕀之屬，又無惡觸，亦無女人及其名字。一切眾生皆悉化生，不食揣食等，以法喜三昧為食。無有聲聞、辟支佛乘，純諸菩薩，離於貪欲、瞋恚、愚癡，皆修梵行悉滿其國。當其生已鬚髮自落服三法衣，即於生已便欲得食，尋有寶器在右手中，自然而有上妙百味具足在鉢。

「『時諸菩薩作是思惟：「我等不應噉是揣食，我今當持至於十方，供養諸佛及聲聞眾并貧窮者。有諸餓鬼受饑渴苦其身熾然，當至其所而給足之。我等自應修行法喜三昧之食。」一作是念已得菩薩三昧，其三昧名不可思議行。得是三昧已即得無閡神力，到於無量無邊世界現在佛所，供養諸佛及比丘僧，給施貧窮下至餓鬼。作是施已因為說法，尋於食時周旋往返還歸本土，衣服、珍寶及所須物，供養諸佛下至餓鬼亦復如是，然後自用。

「『願令我世界無有八難不善苦惱，亦無受戒、毀戒、懺悔及其名字。願我世界常有無量種種珍寶以為廁填，珍寶、衣樹，十方世界所未曾有、未曾見聞，乃至億歲說其名字猶不能盡。願我世界諸菩薩等，欲見金色隨意得見，欲見銀色亦隨意見，當見銀時不失金相，當見金時不失銀相，頗梨、琉璃、車𤦲、馬瑙及赤真珠，種種珍寶隨意得見亦復如是。欲見阿竭琉香，多伽琉香、多摩羅跋、栴檀、沈水及赤栴檀、牛頭栴檀，欲見純栴檀者，隨意得見，欲見沈水者亦隨意見，當見沈水不失栴檀，當見栴檀不失沈水，餘亦如是，種種所願皆得成就。

「『願我世界無有日月，諸菩薩等有大光明，如本所求自然而出，乃至能照百千萬億那由他世界。以光明故無有晝夜，眾華開敷即知晝分，眾華合時便知夜分。世界調適，無有寒熱及老病死。若有一生菩薩於餘方成阿耨多羅三藐三菩提者，即以此身處於他方兜術天宮命終作佛。若我成阿耨多羅三藐三菩提已，不於其界取般涅槃。若般涅槃時處在虛空，諸菩薩等所欲得者自然而有。其世界邊周匝常有百千億那由他自然音樂，此音樂中不出欲想之聲，常出六波羅蜜聲、佛聲、法聲、比丘僧聲、菩薩藏聲、甚深義聲，而諸菩薩於諸音聲隨其所解。

「『世尊！我行菩薩道時，如我所見百千億那由他阿僧祇諸佛世界種種莊嚴、種種瓔珞、種種相貌、種種住處、種種所願，令我世界悉皆成就如是等事所有莊嚴，惟除聲聞、辟支佛等，亦復無有五濁之世，三惡道等，須彌諸山、大小鐵圍、土沙、礫石、大海、林木。純有寶樹過天所有，更無餘華，惟有天上曼陀羅華、摩訶曼陀羅華。無諸臭穢，純有妙香遍滿其國。諸菩薩等皆是一生，無有一人生於餘處。惟除他方當成佛者，處兜術天，命終成阿耨多羅三藐三菩提。

「『世尊！我行菩薩道時無有齊限，要當成是微妙果報清淨佛土，一生菩薩充滿其中。是諸菩薩無有一人非我所教，初發阿耨多羅三藐三菩提心，安止六波羅蜜者。如是菩薩，皆是我初教發心安止六波羅蜜。此散提嵐界，若入我界一切苦惱皆悉休息。

「『世尊！我行菩薩道時，要當成就如是等輩希有之事，然後於未來世乃成阿耨多羅三藐三菩提。願菩提樹名曰選擇見善珍寶，縱廣正等萬四天下，香氣光明遍於一十三千大千世界。菩提樹下以種種珍寶為金剛座，縱廣正等五四天下，其座名曰善擇寂滅智香等近，高萬四千由旬，我於此座結加趺坐，於一念中成阿耨多羅三藐三菩提。乃至般涅槃，常於道場菩提樹下，坐金剛座不解不壞。復當化作無量諸佛及菩薩眾，遣在其餘諸佛世界教化眾生。一一化佛於一食頃為諸眾生說微妙法，即於食頃令無量無邊眾生悉發阿耨多羅三藐三菩提心，尋發心已即不退轉阿耨多羅三藐三菩提。如是化佛及菩薩眾，常作如是希有之事。

「『我成阿耨多羅三藐三菩提已，願諸餘世界其中眾生悉見我身。若有眾生眼見我身三十二相、八十種好，悉令必定於阿耨多羅三藐三菩提，乃至涅槃不離見佛。願令我界所有眾生，六情完具無所缺少，若諸菩薩欲見我者，隨其所住行來坐臥悉得見之。是諸菩薩尋發心已，即時見我坐於道場菩提樹下。當見我時，先來所有於諸法相疑滯之處，我未為說便得除斷，亦得深解法相之義。願我當來壽命無量無能數者，除一切智，菩薩壽命亦復如是。我一念中成阿耨多羅三藐三菩提已，即一念中有無量菩薩，鬚髮自落服三法衣乃至涅槃，於其中間無有一人長其鬚髮著俗衣裳，一切皆著沙門之服。』

「爾時佛告第三王子：『善男子！善哉！善哉！汝是純善大丈夫也。聰叡善解能作如是甚難大願，所作功德甚深甚深難可思議，微妙智慧之所為也。汝善男子！為眾生故自發如是尊重之願取妙國土，以是故今號汝為文殊師利。於未來世過二恒河沙等無量無邊阿僧祇劫，入第三無量無邊阿僧祇劫，於此南方有佛世界，名曰清淨無垢寶窴，此散提嵐界亦入其中。彼世界中有種種莊嚴，汝於此中當成阿耨多羅三藐三菩提，號普現如來、應、正遍知、明行足、善逝、世間解、無上士、調御丈夫、天人師、佛、世尊，諸菩薩眾皆悉清淨，汝之所願具足成就如說而得。善男子！汝行菩薩道時，於無量億諸如來所種諸善根，是故一切眾生以汝為藥。汝心清淨能破煩惱，增諸善根。』

「爾時，文殊師利前白佛言：『世尊！若我所願成就得己利者，惟願十方無量無邊阿僧祇世界六種震動，其中諸佛現在說法與我受記。亦願一切眾生受歡喜樂，譬如菩薩入第二禪自在遊戲。天雨曼陀羅華遍滿世界，華中常出佛聲、法聲、比丘僧聲，六波羅蜜、力、無所畏如是等聲。願我敬禮寶藏佛時，即出如是諸相貌等。』

「作是語已，尋時禮佛頭面著地，即於是時，十方無量無邊阿僧祇世界六種震動，天於空中雨曼陀羅華，一切眾生受於喜樂，譬如菩薩入第二禪自在遊戲。諸菩薩等是時惟聞佛聲、法聲、比丘僧聲，六波羅蜜、十力、無畏如是等聲。

「是時他方諸菩薩等，見聞是事怪未曾有，各白其佛言：『何因緣故有是瑞應？』

「諸佛各告諸菩薩言：『十方諸佛各各廣為文殊師利授阿耨多羅三藐三菩提記故，是其瑞應。』

「爾時寶藏如來為文殊師利而說偈言：

勝意曠大，　今可還起，　十方諸佛，　已授汝記，
當於來世，　成尊勝道。　世界大地，　六動震動，
衆生滿足，　受於快樂。

「善男子！爾時文殊師利聞是偈已，心生歡喜，即起合掌前禮佛足，去佛不遠復坐聽法。」

悲華經卷第三

悲華經卷第四

北涼天竺三藏曇無讖譯

諸菩薩本授記品第四之二

「善男子！爾時寶海梵志白第四王子能伽奴言，乃至發願亦復如是。

「爾時佛告阿伽那言：『善哉！善哉！善男子！汝行菩薩道時，以金剛慧破無量無邊眾生諸煩惱山，大作佛事，然後乃成阿耨多羅三藐三菩提。善男子！是故號汝為金剛智慧光明功德。』

「爾時佛告金剛智慧光明功德菩薩：『善男子！汝於來世過一恒河沙等阿僧祇劫，入第二恒河沙等阿僧祇劫，於此東方過十恒河沙等世界中微塵數等世界，有世界名曰不眴。善男子！汝於是中當得作佛，號曰普賢如來、應供、正遍知、明行足、善逝、世間解、無上士、調御丈夫、天人師、佛、世尊，其佛世界所有莊嚴，如汝所願悉皆具足。』

「善男子！寶藏如來授金剛慧光明德菩薩摩訶薩阿耨多羅三藐三菩提記，時虛空中有無量無邊百千億那由他天，而讚歎言：『善哉！善哉！』雨牛頭栴檀、阿伽流香、多伽流香、多摩羅跋，并及末香而以供養。

「爾時金剛智慧光明功德菩薩白佛言：『世尊！若我所願成就得己利者，我今敬禮諸佛世尊，惟願十方如恒河沙等世界滿中諸天微妙好香，衆生之類或在地獄、畜生、餓鬼、天上、人中，若聞是香所有身心苦惱之疾悉得遠離，如是頭面到地。』

「善男子！爾時金剛智慧光明功德菩薩作是言已，即頭面禮佛。爾時十方如恒河沙等世界，周遍悉有微妙之香，衆生聞者皆得遠離身心苦惱。爾時寶藏如來即為金剛智慧光明功德菩薩而說偈言：

金剛慧能破，　汝今可還起，　十方佛世界，　周遍有妙香。
與無量衆生，　安樂及歡喜，　當來得成佛，　無上世間解。

「善男子！爾時金剛智慧光明功德菩薩聞是偈已，其心歡喜，即起合掌前禮佛足，去佛不遠復坐聽法。

「善男子！爾時寶海梵志復白第五王子無所畏言，乃至發心亦復如是。爾時王子答梵志言：『我今所願，不欲於此不淨世界成阿耨多羅三藐三菩提。願成佛時，世界之中無有地獄、畜生、餓鬼，其地純以紺琉璃寶，廣說皆如蓮華世界所有莊嚴。』

「爾時無畏王子手持蓮華上寶藏佛，作如是言：『世尊！若我所願成就得己利者，以佛力故今在佛前，願我當得悉見種種莊嚴三昧，復願天雨種種蓮華大如車輪，遍滿十方如恒河沙世界微塵數等諸佛國土，亦令我等皆遙見之。』

「善男子！無畏王子說是言已，以佛力故尋時即得悉見種種莊嚴三昧，天雨種種無量蓮花大如車輪，遍滿十方如恒河沙等世界微塵等諸佛國土，一切大衆皆得遙見，見是事已得歡喜樂。

「爾時佛告無畏王子：『善男子！及能作是甚深微妙之大願也。取嚴淨佛土，復能疾得悉見種種莊嚴三昧，願不虛故天雨如是無量蓮華。』

「『世尊！若我所願成就得己利者，願此諸華悉住於空不復墮落。』

「時寶藏佛告無畏王子言：『善男子！汝今速疾以諸蓮華印於虛空，是故號汝為虛空印。』

「爾時佛告虛空印菩薩：『善男子！汝於來世過一恒河沙等阿僧祇劫，入第二恒河沙等阿僧祇劫，於東南方去此佛土百千萬億恒河沙等世界，彼有世界名曰蓮華，汝於是中當成阿耨多羅三藐三菩提，號蓮華尊如來、應、正遍知、明行足、善逝、世間解、無上士、調御丈夫、天人師、佛、世尊，所有大眾純諸菩薩摩訶薩等，其數無量不可稱計，其佛壽命無量無邊，所願具足悉皆成就。』

「爾時虛空印菩薩摩訶薩頭面禮於寶藏如來，即起合掌，去佛不遠復坐聽法。

「爾時世尊為虛空印而說偈言：

善男子當知，　有人作己利，　能斷煩惱結，　常令得寂靜。
所受持功德，　數如恒河沙，　世界微塵等，　成就而不失。
汝於當來世，　成就無上道，　亦如過去佛，　等無有差別。

「善男子！虛空印菩薩聞是偈已心生歡喜。善男子！爾時寶海梵志白第六王子虛空言，乃至發心亦復如是。

「爾時王子菴婆羅白佛言：『世尊！我今所願不欲於此不淨世界成阿耨多羅三藐三菩提，略說如虛空印所願。世尊！若我所願成就得己利者，願令十方如恒河沙等世界之中，自然而有七寶妙蓋。在上虛空羅列而住，純金為網以覆其上，七寶為鈴垂以莊嚴。其蓋寶鈴常出佛聲、法聲、比丘僧聲，六波羅蜜及六神通、十力、無畏如是等聲，世界眾生聞者尋發阿耨多羅三藐三菩提心，已發心者即得不退轉。寶鈴所生佛、法、僧聲乃至無所畏聲，悉聞十方世界虛空，以佛力故乃得自聞。世尊！若我所願成就己利者，願我今者得知日三昧，以三昧力故增益一切諸善根本。得三昧已，惟願諸佛與我授阿耨多羅三藐三菩提記。』

「是時王子說是語已，以佛力故即得知日三昧。

「爾時世尊讚王子言：『善哉！善哉！善男子！汝所願者甚深甚深，以甚深功德因緣故，尋時十方如恒河沙諸世界中，自然而有七寶妙蓋，於上虛空羅列而住，純金為網以覆其上，七寶為鈴悉以莊嚴。其鈴常出佛、法、僧聲乃至無所畏聲，爾時有百千億那由他眾生，聞是聲已尋發阿耨多羅三藐三菩提心，是故號汝為虛空日光明。』

「爾時佛告虛空日光明菩薩摩訶薩：『汝於來世當成阿耨多羅三藐三菩提，過一恒河沙阿僧祇劫，入第二恒河沙等阿僧祇劫，東方去此二恒河沙等佛剎，有世界名曰日月，汝於是中當成阿耨多羅三藐三菩提，號法自在豐王如來、應、正遍知、明行足、善逝、世間解、無上士、調御丈夫、天人師、佛、世尊。』

「爾時虛空日光明菩薩，聞是記已即禮佛足。

「爾時世尊為虛空日光明而說偈言：

善男子今起，　善哉自調御，　以淳淑大悲，　於一切眾生，度脫令斷苦，　畢竟住彼岸，　智慧善分別，　令到無上道。

「善男子！爾時虛空日光明菩薩聞是偈已，其心歡喜，即起合掌前*禮佛足，去佛不遠復坐聽法。

「爾時寶海梵志復白第七王子善臂言，乃至發心亦復如是。

「爾時王子白佛言：『我今所願不欲於此不淨世界成阿耨多羅三藐三菩提，願我來世所有世界，無有地獄、畜生、餓鬼、女人名字，及以胎生、須彌諸山、大小鐵圍、山陵、堆阜、石沙、穢惡、荊棘、惡風、木樹、叢林、大海、江河、日月、晝夜、闇冥、臭處，衆生等類無有便利、涕唾、污垢，身心不受諸不樂事。馬瑙為地無諸塵土，純有百千無量珍寶而莊嚴之，無有諸草，唯有好妙曼陀羅華。種種寶樹以為挍飾，其寶樹下有妙寶蓋，復有種種寶衣、華鬘、諸寶瓔珞、香華、伎樂、諸寶器物、諸寶妙華，以如是等挍飾其樹。世界之中無有晝夜，以華開合而知時節。諸菩薩等在金華中自然出生，既得生已皆得悉見種種莊嚴三昧，以三昧力故得見十方如微塵等諸世界中現在諸佛。於此三昧一念之頃具足六通，以天耳故，悉聞十方如微塵等世界現在諸佛說法音聲。以宿命智，知過去世如一佛土微塵等劫宿世之事。以天眼故，悉見十方諸佛世界種種莊嚴。以他心智故，於一念中得知如一佛世界微塵數等世界眾生心之所念。乃至成阿耨多羅三藐三菩提，終不失是三昧。

「『清旦之時，四方有風柔軟清淨，吹微妙香及散諸華，以風力故諸菩薩等從三昧起。三昧起已即得如是如意通力，以是力故於一念頃能到十方，一一方面如一佛土微塵數等諸佛世界，供養現在諸佛世尊請受妙法，即一念中還至本土無有罣閡。諸菩薩等在曼陀羅華、摩訶曼陀羅華華臺之中，結加趺坐思惟法門，所謂欲得見我所在方面，隨身所向悉令得見。若於深法有疑滯者，以見我故尋得除滅。若有問義欲聽法者，以見我故即得深解無有狐疑。所有菩薩深解無我及無我所，是故能捨身根、命根，一切必定不退於阿耨多羅三藐三菩提。

「『世界無有一切不善之名，亦無受戒、破戒之名，毀戒、悔過。一切眾生其身皆有三十二相，得那羅延力，乃至成阿耨多羅三藐三菩提。無有一人六根毀缺不完具者，所有衆生即於生已鬚髮自落服三法衣，得善分別三昧，乃至阿耨多羅三藐三菩提終不中失。諸衆生等悉得和合一切善根，無有一人為老病所苦。若諸菩薩命終之時，結加趺坐，入於火定自燒其身，燒其身已四方清風來吹其身，舍利散在諸方無佛世界，尋時變作摩尼寶珠，如轉輪聖王所有寶珠。若有衆生見觸之者，悉令不墮三惡道中，乃至涅槃不受諸苦，即得捨身生於他方現在佛所諮受妙法，發阿耨多羅三藐三菩提心便不退轉。所有衆生若命終時，其心在定無有散亂，不受諸苦愛別離等。命終之後不墮八難無佛之世，乃至成阿耨多羅三藐三菩提，常得見佛諮受妙法供養衆僧。

「『一切衆生離於貪欲、瞋恚、愚癡、恩愛、嫉妬、無明、憍慢，世界無有聲聞、緣覺，所有大衆純諸菩薩摩訶薩等充滿其國，其心柔軟無有愛濁，堅固不退於阿耨多羅三藐三菩提，得諸三昧。世界純有清淨光明，十方如微塵等諸佛世界，悉皆得聞我之世界。我界所有微妙之香，悉遍十方如微塵等諸佛世界。我界衆生常得快樂，未曾聞有受苦之聲。

「『世尊！我行菩薩道時不作齊限，我今要當莊嚴如是清淨佛土，眾生之類皆使清淨遍滿其國，然後乃成阿耨多羅三藐三菩提。世尊！我成阿耨多羅三藐三菩提，當出無量無邊光明照於十方，如千佛剎微塵數等諸佛世界，令彼眾生悉遙見我三十二相，即時得斷貪欲、瞋恚、愚癡、嫉妬、無明、憍慢一切煩惱，發阿耨多羅三藐三菩提心，如其所求得陀羅尼三昧忍辱。以見我故，寒◎冰地獄☆所有眾生悉得熅樂，譬如菩薩入第二禪。以見我故，身心受於第一妙樂，發阿耨多羅三藐三菩提心。若其命終要當生我佛之世界，生已即得不退轉於阿耨多羅三藐三菩提。熱地獄等、畜生、餓鬼，亦復如是。諸天所見光明一倍，令我壽命無量無邊無能數者，除一切智。

「『世尊！我成阿耨多羅三藐三菩提已，令十方無量無邊阿僧祇世界現在諸佛稱讚於我，其餘眾生若得聞是稱讚我聲，願作善根速生我國，命終之後必生我國，唯除五逆、毀壞正法、誹謗聖人。世尊！我成阿耨多羅三藐三菩提已，十方無量無邊阿僧祇世界中所有眾生，若聞我聲發願欲生我世界者，是諸眾生臨命終時，悉令見我與諸大眾前後圍遶。我於爾時入無翳三昧，以三昧力故現在其前而為說法，以聞法故尋得斷除一切苦惱，心大歡喜，其心喜故得寶冥三昧，以三昧力故令心得念無生忍，命終之後必生我界。

「『若餘世界諸眾生等無有七財，不欲修集行於三乘，不欲生於人、天中者，亦不修行一切善根及三福處，非法行污愛著惡欲專行邪見，如是眾生，願我入於無燋惱三昧，以三昧力故彼諸眾生若命終時，我與大眾而住其前為說妙法，復為示現佛土所有，又勸令發阿耨多羅三藐三菩提心。眾生聞已，即於我所心生深信歡喜安樂，尋發阿耨多羅三藐三菩提心，令彼眾生得斷苦惱，斷苦惱已便得日燈光明三昧，斷於癡闇，命終之後尋生我界。』

「爾時寶藏如來讚言：『善哉！善哉！汝今乃能作微妙之大願也。』

「『世尊！若我所願成就得己利者，願令十方如微塵等諸佛世界，悉雨憂陀羅婆羅香，并栴檀香、牛頭栴檀香、種種末香，若有眾生在在處處聞是香者，悉發阿耨多羅三藐三菩提心。今我今者得金剛願三昧，以三昧力故悉得遙見諸世界中所雨諸香。』

「善男子！爾時王子說是言已尋得三昧，自見十方如微塵數等諸佛世界所有諸香，憂陀羅婆羅香、牛頭栴檀、種種末香，及見一一方面有不可計諸眾生等，恭敬叉手發阿耨多羅三藐三菩提心。

「寶藏如來告王子言：『善男子！汝之所願已得成就，天雨種種諸微妙香已，有不可計眾生，恭敬叉手發阿耨多羅三藐三菩提心，是故號汝為師子香，汝於來世過一恒河沙等阿僧祇劫，入第二恒河沙等阿僧祇劫，上方去此四十二恒河沙世界微塵數等諸佛世界，有世界名青香光明無垢，於彼土當得成阿耨多羅三藐三菩提，號汝光明無垢堅香豐王如來、應供、正遍知、明行足、善逝、世間解、無上士、調御丈夫、天人師、佛、世尊。』

「善男子！爾時師子香菩薩禮寶藏如來，頭面著地。

「爾時如來為師子香菩薩而說偈言：

天人師起，　　受諸供養，　　度脫生死，　　令離苦惱。

斷諸結縛，　　及諸煩惱，　　來世當作，　　天人之尊。

「善男子！爾時師子香菩薩聞是偈已，心大歡喜即起合掌，去佛不遠復坐聽法。

「善男子！爾時寶海梵志復白第八王子泯圖言，乃至發心亦復如是。

「爾時王子前白佛言：『世尊！我今所願要當於是不淨世界修菩薩道，復當修治莊嚴十千不淨世界，令其嚴淨如青香光明無垢世界，亦當教化無量菩薩，令心清淨無有垢穢皆趣大乘，悉使充滿我之世界，然後我當成阿耨多羅三藐三菩提。世尊！願我修行菩薩道時，要當勝於餘諸菩薩。世尊！我已於七歲之中端坐思惟諸佛菩薩清淨功德，及種種莊嚴佛土功德，是時即得悉見種種莊嚴三昧等萬一千菩薩三昧，增進修行。世尊！若未來諸菩薩等行菩薩道時，亦願悉得如是三昧。

「『世尊！願我得出離三世勝幢三昧，以三昧力故悉見十方無量無邊諸佛世界，在在處處現在諸佛，出離三世為諸衆生說於正法。世尊！願我得不退三昧，以三昧力故於一念中，悉見如微塵等諸佛、菩薩及諸聲聞恭敬圍遶。願我於此一一佛所，得無依止三昧，以三昧力故作變化身，一時遍至如一佛界微塵數等諸如來所供養禮拜。願我一一身以種種無上珍寶、華香、塗香、末香、妙勝伎樂、種種莊嚴，供養一一諸佛。世尊！願我一一身於一一佛所，如大海水渧等劫行菩薩道。願我得一切身變化三昧，以三昧力故於一念中在一一佛前，知如一佛土微塵數等諸佛世界。

「『世尊！願我得功德力三昧，以三昧力故於一一佛前，遍到如一佛土微塵數等諸世尊所，以微妙讚歎讚歎諸佛。世尊！願我得不眴三昧，以三昧力故於一念中，悉見諸佛遍滿十方無量無邊世界之中。世尊！願我得無諍三昧，以三昧力故於一念中，悉見過去、未來、現在諸佛所有淨妙世界。

「『世尊！願我得首楞嚴三昧，以三昧力故化作地獄之身入地獄中，與地獄眾生說微妙法，勸令發阿耨多羅三藐三菩提心。彼諸眾生聞是法已，尋發無上菩提之心，即便命終生於人中，隨所生處常得值佛，隨所值佛而得聽法，聽受法已即得住於不退轉地。乾闥婆、阿修羅、迦樓羅、緊那羅、摩睺羅伽、人非人等，天、龍、鬼神、夜叉、羅剎、毘舍遮、富單那、伽吒富單那、屠殺、魁膾、商賈、婬女、畜生、餓鬼，如是等眾亦復如是，皆令發阿耨多羅三藐三菩提心。有諸眾生隨所生處得諸色像，我分之身如業所作，隨受苦樂及諸工巧，願我變化作如是身，隨其所作而教化之。

「『世尊！若有眾生各各異音，願我隨其種種音聲，而為說法各令歡喜，因其歡喜勸發安止，令其不退於阿耨多羅三藐三菩提。世尊！我要當教十千佛土所有眾生，令心清淨無有行業煩惱諸毒，乃至不令一人屬於四魔，何況多也！若我莊嚴十千佛土，如是清淨如光明無垢尊香王佛青香光明無垢世界，所有種種微妙莊嚴，然後我身及諸眷屬，乃當如彼師子香菩薩之所願也。

「『世尊！若我所願成就得己利者，當令十千諸佛世界所有眾生斷諸苦惱，得柔軟心得調伏心，各各自於四天下界見佛世尊現在說法，一切眾生自然而得種種珍寶、華香、末香及以塗香，種種衣服、種種幢幡，各各以用供養於佛，供養佛已悉發無上菩提之心。世尊！我等今者以悉得見種種莊嚴三昧力故，皆得遙見如是諸事。』

「作是語已，尋如所願悉得見之。

「爾時世尊讚阿彌具言：『善哉！善哉！善男子！汝今世界周匝四面一萬佛土清淨莊嚴，於未來世復當教化無量眾生令心清淨，復當供養無量無邊諸佛世尊。善男子！以是緣故，今改汝字名為普賢。於未來世過一恒河沙等阿僧祇劫，入第二恒河沙等阿僧祇劫，末後分中於北方界，去此世界過六十恒河沙等佛土，有世界名知水善淨功德；汝當於中成阿耨多羅三藐三菩提，號智剛吼自在相王如來、應、正遍知、明行足、善逝、世間解、無上士、調御丈夫、天人師、佛、世尊。』

「善男子！爾時普賢菩薩摩訶薩頭面著地禮寶藏佛。

「爾時如來即為普賢菩薩而說偈言：

汝起善導師，　已得如所願，　善能調眾生，　皆令得一心。
度於煩惱河，　及脫諸惡法，　來世作證明，　諸天世人師。

「善男子！爾時會中有十千人心生懈怠，異口同音作如是言：『世尊！我等來世即於如是嚴淨佛土成阿耨多羅三藐三菩提，所謂普賢菩薩所修清淨諸世界也。世尊！我等要當具足修六波羅蜜，以具足六波羅蜜故，各各於諸佛土成阿耨多羅三藐三菩提。』

「善男子！爾時寶藏如來即便為是十千人等，授阿耨多羅三藐三菩提記：『善男子！普賢菩薩成阿耨多羅三藐三菩提時，汝等當於普賢菩薩所修清淨萬佛土中，一時成阿耨多羅三藐三菩提。有一千佛同號智熾尊音王如來、應供、正遍知、明行足、善逝、世間解、無上士、調御丈夫、天人師、佛、世尊，復有千佛同號增相尊音王，復有千佛同號善無垢尊音王，復有千佛同號離怖畏尊音王，復有千佛同號無垢光尊音王，復有千五百佛同號日音王，復有五百佛同號日寶藏尊王，復有五佛同號樂音尊王，復有二佛同號日光明，復有四佛同號龍自在，復有八佛同號離恐怖稱王光明，復有十佛同號離音光明，復有八佛同號音聲稱，復有十一佛同號顯露法音，復有九佛同號功德法稱王，復有二十佛同號不可思議王，復有四十佛同號寶幢光明尊王，復有一佛號覺知尊想王，復有七佛同號不可思議音，復有三佛同號智藏，復有十五佛同號智山幢，復有五十佛同號智海王，復有三十佛同號大力尊音王，復有二佛同號山功德劫，復有八十佛同號清淨智勤，復有九十佛同號尊相種王，復有百佛同號善智無垢雷音尊王，復有八十佛同號勝尊大海功德智山力王，復有四十佛同號無上菩提尊王，復有二佛同號智覺山華王，復有二佛同號功德山智覺，復有三佛同號金剛師子，復有二佛同號持戒光明，復有二佛同號示現增益，復有一佛號無量光明，復有三佛同號師子遊戲，復有二佛同號無盡智山，復有二佛同號寶光明，復有二佛同號無垢智慧，復有九佛同號智慧光明，復有二佛同號師子稱，復有二佛同號功德通王，復有二佛同號雨法華，復有一佛號造光明，復有一佛號增益山王，復有一佛號出法無垢王，復有一佛號香尊王，復有一佛號無垢目，復有一佛號大寶藏，復有一佛號力無障閡王，復有一佛號自知功德力，復有一佛號衣服知足，復有一佛號得自在，復有一佛號無障閡利益，復有一佛號智慧藏，復有一佛號大山王，復有一佛號曰力藏，復有一佛號求功德，復有一佛號華幢枝，復有一佛號衆光明，復有一佛號無癡功德王，復有一佛號金剛上，復有一佛號曰法相，復有一佛號尊音王，復有一佛號堅持金剛，復有一佛號珍寶自在王，復有一佛號堅自然幢，復有一佛號山劫，復有一佛號雨娛樂，復有一佛號增益善法，復有一佛號娑羅王，復有二佛同號功德遍滿大海功德王，復有一佛號智慧和合，復有一佛號智熾，復有一佛號華衆，復有一佛號世間尊，復有一佛號優曇鉢華幢，復有一佛號法幢自在王，復有一佛號栴檀王，復有一佛號善住，復有一佛號精進力，復有一佛號幢等光明，復有一佛號曰智步，復有一佛號曰海幢，復有一佛號滅法稱，復有一佛號壞魔王，復有一佛號衆光明，復有一佛號出智光明，復有一佛號曰慧燈，復有一佛號安隱王，復有一佛號曰智音，復有一佛號幢攝取，復有一佛號天金剛，復有一佛號種種莊嚴王，復有一佛號無勝智，復有一佛號善住意，復有一佛號月王，復有一佛號無勝步自在王，復有一佛號娑憐陀王，復有八十佛同號師子步王，復有五十佛同號那羅延無勝藏，復有七十佛同號聚集珍寶功德，復有三十佛同號光明藏，復有二十佛同號分別星宿稱王，復有二佛同號功德力娑羅王，復有九十佛同號微妙音，復有一佛號曰

「善男子！爾時十千人聞是偈已心生歡喜，即起合掌前禮佛足，去佛不遠復坐聽法。

「善男子！爾時寶海梵志復白第九王子蜜蘇言，乃至發心亦復如是。

「爾時王子前白佛言：『世尊！我行菩薩道時，願十方如恒河沙等世界，所有現在諸佛為我作證，今於佛前發阿耨多羅三藐三菩提心。世尊！願我行菩薩道時，乃至成佛於其中間不生悔心，乃至成佛常住一心無有退轉，如說而行如行而說，乃至無有一人來惱我心，更不求於聲聞、緣覺，不起婬欲惡想之心，其心不與睡眠、憍慢、疑悔等共，亦復不生貪婬、殺、盜、妄言、兩舌、惡口、綺語、貪恚、邪見、嫉妬、慢法、欺誑之心。我修菩薩道乃至成阿耨多羅三藐三菩提，中間不生如是等法，乃至成阿耨多羅三藐三菩提，行時步步心心數法常念諸佛，得見諸佛諮受妙法供養眾僧。

「『於諸生處常願出家，當出家時即得成就糞掃三衣。常在樹下獨坐思惟，住阿蘭若，常行乞食，不求利養行於知足，常講說法，成就無量無障閡辯，不犯大罪。不以我相為女人說法，若說法時恒以空相，其心常念空無之法，拱手端坐亦不露齒。若有學習大乘之人，而於其所起世尊想，恭敬供養，所聞法處亦起佛想。於諸沙門、婆羅門中，故生恭敬供養尊重，除佛世尊。於諸衆中不生分別此是福田、此非福田而行布施，願我不於法施人所生嫉妬心。若有衆生應被刑戮，願我捨命以救護之。若有衆生犯於諸罪，願我以力言說錢財，而拔濟之令得解脫。若有在家、出家之人有諸罪過，願不發露顯現於人。於諸利養、名譽等中而常遠離，如避火坑、刀劒、毒樹。

「『世尊！若我此願乃至成阿耨多羅三藐三菩提已，悉得成就，如今佛前之所願者，令我兩手自然而有千輻天輪，所得光明如火猛焰。』

「善男子！是時王子說是語已，其兩手中即尋各有一千輻輪如說而得。

「『世尊！若我所願成就逮得己利，成阿耨多羅三藐三菩提者，我今遣此千輻天輪至於無佛五濁世界，是輪當作如是大聲遍滿佛土，如難陀龍王、優波難陀龍王作大音聲遍滿世界，其輪音聲亦復如是。所謂菩薩受記音聲，不失專念智慧之聲。修學空法諸佛所有法藏之聲。若有衆生在在處處聞是法聲，即時得斷貪欲、瞋恚、愚癡、憍慢、慳悋、嫉妬，而得寂靜思惟諸佛甚深智慧，發阿耨多羅三藐三菩提心。』

「善男子！爾時王子即遣二輪，譬如諸佛神足捷疾，其輪去疾亦復如是，遍至十方無佛惡世，為諸衆生出諸菩薩受記音聲，不失專念智慧之聲，修學空法諸佛所有法藏之聲。在在處處諸衆生等聞是法音，即便得斷貪欲、瞋恚、愚癡、憍慢、慳悋、嫉妬，而得寂靜思惟諸佛甚深智慧，發阿耨多羅三藐三菩提心。其輪須臾還來，在此王子前住。

「善男子！爾時寶藏如來讚王子言：『善哉！善哉！善男子！汝行菩薩道所發善願無上最妙，遣此天輪至於無佛五濁之世，令無量無邊阿僧祇億百千衆生安止住於無穢濁心，心無惱害，勸化發於阿耨多羅三藐三菩提，以是故今改汝名為阿閦，於未來世當為世尊，汝今當於佛前如心所喜願取種種莊嚴佛土。』

「爾時阿閦白佛言：『世尊！我今所願如是種種莊嚴佛土，令我世界純金為地，地平如掌，多有種種諸天妙寶遍滿其國，無有山陵、埠阜、土沙、礫石、荊蕀之屬，其地柔軟譬如天衣，行時足下蹈入四寸舉足還復。無有地獄、畜生、餓鬼、不淨、臭穢，純有諸天微妙上香，及曼陀羅、摩訶曼陀羅華遍滿其國。所有衆生無有老病，各各自在不相畏怖，常不惱他命不中夭，臨捨命時心無悔恨，其心決定無有錯亂，繫念思惟諸佛如來。若命終已不墮惡道，不生無佛五濁惡世，乃至成阿耨多羅三藐三菩提，常得見佛諮受妙法供養衆僧。所有衆生薄婬、怒、癡，皆行十善，世界無有種種工巧，無有犯罪及犯罪名，亦無天魔諸留難事。

「『衆生受形無有惡色，亦不分別尊卑高下，一切衆生深解無我及無我所，聲聞、菩薩乃至夢中不失不淨。衆生常樂求法聽法，無有一人生於倒見，亦無外道。衆生無有身心疲極，皆得五通無有飢渴諸苦惱事，隨所喜樂種種食飲，即有寶器自然在手，有種種食猶如欲界所有諸天。無有涕唾、便利之患、痰癊、污淚，亦無寒熱。常有柔軟香風觸身，此風香氣微妙具足，薰諸天、人不須餘香，如是香風隨諸天、人，所求冷溫皆使滿足。又復有求優鉢羅華香風，又復有求優陀娑羅香風，有求沈水香風，有求多伽羅香風，有求阿伽羅香風，有求種種香風，如所悕望，於發心時皆得成就，除五濁世。

「『願我國土有七寶樓，其寶樓中敷七寶床，茵蓐、丹枕細滑柔軟猶如天衣，衆生處此寶樓床榻皆悉歡樂。其樓四邊有好池水，其水具足有八功德，衆生隨意而取用之。其國多有金多羅樹，種種華果妙香，具足上妙寶衣種種寶蓋，真珠、瓔珞而以莊嚴，諸衆生等隨意所憙妙寶衣服，即於樹上自恣取著，華果香等亦復如是。世尊！願我菩提之樹純是七寶高千由旬，樹莖周匝滿一由旬，枝葉縱廣滿千由旬，常有微風吹菩提樹，其樹則出六波羅蜜、根、力、覺、道微妙之聲。若有衆生聞此妙聲，一切皆得離於欲心。

「『所有女人成就一切諸妙功德，猶如兜術天上天女，無有婦人諸不淨事、兩舌、慳恪、嫉妬、覆心，不與男子漏心交通。若諸男子發婬欲心，至女人所以愛心視，須臾之間便離欲心，自生厭離即便還去，尋得清淨無垢三昧，以三昧力故於諸魔縛而得解脫，更不復生惡欲之心。如是女人若見男子，有愛欲心便得妊身，亦得離於婬欲之想。當妊身時若懷男女，身心無有諸苦惱事，常受快樂如忉利天人身心所受上妙快樂，女人懷妊七日七夜，所受快樂亦復如是，亦如比丘入第二禪。處胎男女不為一切不淨所污，滿足七日即便出生，當其生時受諸快樂有微妙音。女人產時亦無諸苦，如是母子俱共入水洗浴其身。是時女人得如是念，以念力故尋得離欲清淨三昧，以三昧力故其心常定，於諸魔縛而得解脫。

「『若有衆生宿業成就，應無量世作女人身，以定力故得離女身乃至涅槃，一切女業永滅無餘更不復受。或有衆生宿業成就於無量億劫，應處胞胎受苦惱者，願我成阿耨多羅三藐三菩提已，聞我名字即生歡喜，生歡喜已尋便命終，處胎即生我之世界。尋於生已所受胎分永盡無餘，乃至成阿耨多羅三藐三菩提更不受胎。或有衆生多善根者，尋便得來至我世界蓮華中生。或有衆生少善根者，要當處胎，或受女人而生我界，然後乃得永盡胎分。所有衆生一向純受微妙快樂，微風吹此金多羅樹出微妙聲，所謂苦、空、無我、無常等聲，聞是聲者皆得光明三昧，以三昧力故得諸空定甚深三昧，世界無有婬欲相聲。

「『世尊！我坐菩提樹下，於一念中成阿耨多羅三藐三菩提已，願我世界無有日月光明晝夜差別，除華開合。我成阿耨多羅三藐三菩提已，當以光明遍照三千大千世界，以光明力故令諸眾生悉得天眼，以天眼故得見十方無量無邊諸佛世界，在在處處諸佛世尊現在說法。世尊！我成阿耨多羅三藐三菩提已，說於正法令此音聲遍滿三千大千世界。眾生聞者得念佛三昧。眾生或有行住迴轉，隨所方面常得見我，若於諸法有疑滯處，以見我故即得斷疑。

「『世尊！我成阿耨多羅三藐三菩提已，十方無量無邊阿僧祇諸佛世界，在在處處所有眾生，若學聲聞、若學緣覺、若學大乘，聞我名者命終要來生我世界。若聲聞人聞我法者，得八解脫阿羅漢果。學大乘人聞我法者，得深法忍陀羅尼門及諸三昧，不退轉於阿耨多羅三藐三菩提，得無量聲聞以為眷屬，其數無邊無能數者，唯除諸佛。

「『世尊！我成阿耨多羅三藐三菩提，隨所至方舉下足處，即有千葉金蓮華生，其華微妙有大光明，我當遣至無佛之處稱讚我名。若有眾生於此華中得聞稱讚我名字者，尋生歡喜種諸善根欲生我國，願命終時悉皆來生。我諸大衆出家之人，遠離諂曲、妬嫉、姦欺沙門之垢，尊重於法，於諸所須名稱、利養心不貴重，常樂苦、空、無常、無我，常勤精進尊法依僧。若諸菩薩得不退者，皆悉令得就兩三昧，以三昧力故為衆生說般若波羅蜜，令離生死乃至成佛，於其中間所可說法不忘不失。世尊！我成佛已壽命住世十千大劫，般涅槃後正法住世滿一千劫。』

「爾時如來讚阿閦言：『善哉！善哉！善男子！汝今已取清淨世界，汝於來世過一恒河沙等阿僧祇劫，入第二恒河沙等阿僧祇劫，東方去此十佛世界，彼有世界名曰妙樂，所有莊嚴如汝所願皆悉具足，汝於是中當成阿耨多羅三藐三菩提，猶號阿閦如來、應、正遍知、明行足、善逝、世間解、無上士、調御丈夫、天人師、佛、世尊。』

「爾時阿閦菩薩白佛言：『世尊！若我所願成就得己利者，一切世間陰、界、諸入所攝衆生皆得慈心，無怨賊想及諸穢濁，身心快樂猶如十住諸菩薩等，處蓮華上結加趺坐三昧正受，以三昧力令心無垢，是諸衆生身心快樂亦復如是。我今頭面敬禮於佛，唯願此地有金色光。』

「善男子！爾時阿閦菩薩以頭面敬禮佛足，是時一切無量衆生身心即得受大快樂，其地亦有金色光明。

「爾時寶藏如來為阿閦菩薩而說偈言：

尊意且起，　汝今以令，　一切衆心，　心無忿怒。
復於衆生，　生大悲心，　兩手各得，　天千輻輪。
淨意當來，　為天人尊。

「善男子！爾時阿閦菩薩聞是偈已，心大歡喜，即起合掌前禮佛足，去佛不遠復坐聽法。」

悲華經卷第四

悲華經卷第五

北涼天竺三藏曇無讖譯

諸菩薩本授記品第四之三

佛告寂意菩薩：「善男子！爾時寶海梵志復白第十王子軟心言，乃至發心亦復如是。

「王子所願皆如阿閦菩薩所願，白佛言：『世尊！若我所願成就得己利者，令一切眾生悉得思惟諸佛境界，手中自然生栴檀香、優陀婆羅香，以此諸香供養諸佛。』

「爾時寶藏如來讚王子言：『善哉！善哉！善男子！汝所願者甚奇特，汝願眾生手中自然有栴檀香、優陀婆羅香，悉得思惟諸佛境界繫念清淨，以是故今改汝字號為香手。』

「佛告香手：『善男子！未來之世過一恒河沙等阿僧祇劫，入第二恒河沙等阿僧祇劫，後分之中阿閦如來般涅槃後，正法滅盡過七日已，汝於是時當成阿耨多羅三藐三菩提，其佛世界故名妙樂，佛名金華如來、應、正遍知、明行足、善逝、世間解、無上士、調御丈夫、天人師、佛、世尊。』

「爾時香手菩薩復作是言：『世尊！若我所願成就得己利者，今我禮佛，此閻浮園周匝當雨諸薝蔔華。』

「善男子！爾時香手菩薩於寶藏佛前頭*面著地，是時閻浮園中如其所言，周匝遍雨諸薝蔔華。

「爾時寶藏如來為香手菩薩而說偈言：

尊妙功德，　善趣汝起，　如心所願，　雨薝蔔華。
度脫無量，　一切眾生，　示諸善道，　令至無畏。

「善男子！爾時香手菩薩聞是偈已心大歡喜，即起合掌前禮佛足，去佛不遠復坐聽法。

「善男子！爾時寶海梵志復白第十一王子瞢伽奴言，乃至發心亦復如是，王子所願亦如香手菩薩所願。

「爾時師子王子以珍寶幢供養寶藏如來時，佛即讚師子王子言：『善哉！善哉！善男子！汝今以此寶幢供養，是故號汝名為寶相。』

「佛告寶相：『未來之世過一恒河沙等阿僧祇劫，入第二恒河沙等阿僧祇劫後分之中，妙樂世界金華如來般涅槃後，正法滅已過三中劫，妙樂世界轉名月勝，汝於是中當成阿耨多羅三藐三菩提，號龍自在尊音王如來、應、正遍知、明行足、善逝、世間解、無上士、調御丈夫、天人師、佛、世尊，彼佛世界所有莊嚴，如妙樂世界等無差別。』

「爾時寶相菩薩前白佛言：『世尊！若我所願成就得己利者，我今頭面禮於佛足，令一切眾生得如是念，猶如菩薩住無諂三昧，一切眾生得大利益，生於大悲發菩提心。』

「善男子！爾時寶相菩薩在寶藏佛前頭面著地，一切衆生悉得如是無諂三昧，得大利益，生於大悲發菩提心。

「爾時寶藏如來為寶相菩薩而說偈言：

善意勤起，　已於我前，　為諸衆生，　善作大誓。
能大利益，　無量衆生，　令心無垢，　是故來世，
得成為佛，　天人之尊。

「善男子！爾時寶相菩薩聞是偈已心大歡喜，即起合掌前禮佛足，去佛不遠復坐聽法。

「爾時摩闍婆王子等五百王子作如是願：『願得如是種種莊嚴功德佛土，皆如虛空印菩薩摩訶薩所修淨土。』

「爾時寶藏如來皆為一一授阿耨多羅三藐三菩提記：『同共一時各於餘國成無上道，如虛空印菩薩摩訶薩。』

「復次四百王子作是誓願：『願取莊嚴淨妙佛土，皆如金剛智慧光明菩薩摩訶薩。』

「爾時寶藏如來亦為一一授阿耨多羅三藐三菩提記：『同共一時各於異國成無上道，如金剛智慧光明菩薩摩訶薩。』

「復次八十九王子又作是願：『願取如是莊嚴佛土，如普賢菩薩摩訶薩所修佛土等無差別。』

「爾時八萬四千小王各各別異作殊勝願，人人自取種種莊嚴上妙佛土。爾時寶藏如來各各與授阿耨多羅三藐三菩提記：『當來之世各在餘國，同共一時成無上道。』

「爾時九十二億衆生亦各發願，取種種莊嚴勝妙佛土。時寶藏如來一切皆與授阿耨多羅三藐三菩提記：『汝等來世於餘國土，同共一時成無上道。』

「善男子！爾時寶海梵志有八十子，即是寶藏如來之兄弟也。其最長子名海地尊。善男子！爾時寶海梵志告其長子言：『汝今可取微妙清淨莊嚴佛土。』

「其子答言：『惟願尊者先師子吼。』

「其父告言：『我之所願當最後說。』

「其子復言：『我今所願當取清淨、不清淨耶？』

「父復答言：『若有菩薩成就大悲，爾乃取於不清淨世界。何以故？欲善調伏衆生垢故。如是之事汝自知之。』

「善男子！爾時海地尊至寶藏如來所，在於佛前白佛言：『世尊！我願阿耨多羅三藐三菩提，若人有壽八萬歲時，如今佛世，爾乃成阿耨多羅三藐三菩提。我今又願令我國土所有衆生，薄婬、恚、癡，厭離身心，怖畏生死見其過患，來至我所出家學道，我於爾時為諸衆生說三乘法。世尊！若我所願成就得己利者，惟願世尊授我阿耨多羅三藐三菩提記。』

「爾時寶藏如來告海地尊言：『善男子！未來之世過一恒河沙等阿僧祇劫，入第二恒河沙等阿僧祇劫，是時有劫名曰遍敷優鉢羅華，此佛世界當名願愛，是時人民壽八萬歲，汝於是中成阿耨多羅三藐三菩提，號曰寶山如來、應、正遍知、明行足、善逝、世間解、無上士、調御丈夫、天人師、佛、世尊。』

「爾時海地尊復作是言：『世尊！若我所願成就得己利者，此閻浮園周匝當雨赤色真珠，一切樹木自然皆出微妙技樂。』

「善男子！時海地尊在寶藏佛前頭面作禮，當爾之時其園周匝雨赤真珠，一切樹木皆出種種微妙伎樂。

「爾時寶藏如來即為摩納而說偈言：

大力汝起，　無量智藏，　慈悲眾生，　作大利益。
所願清淨，　今得成就，　當為眾生，　作天人師。

「善男子！爾時海地尊聞是偈已心大歡喜，即起合掌前禮佛足，去佛不遠復坐聽法。

「梵志第二子名曰三婆婆，白佛言：『世尊！我今所願如海地尊之所願也。』

「爾時寶藏如來便告三婆婆言：『未來之世優鉢羅華劫中願愛世界，人壽轉多八十億歲，汝當於中得成阿耨多羅三藐三菩提，號曰日華如來、應、正遍知、明行足、善逝、世間解、無上士、調御丈夫、天人師、佛、世尊。』

「第三子所得世界亦復如是，人壽二千歲時成阿耨多羅三藐三菩提，號火音王如來乃至天人師、佛、世尊。第四成佛號須曼那，第五成佛號持戒王，第六成佛號善持目，第七成佛號梵增益，第八成佛號閻浮影，第九成佛號富樓那，第十成佛號曰勝妙，十一成佛號曰寶山，十二成佛號曰海藏，十三成佛號那羅延，十四成佛號曰尸棄，十五成佛號南無尼，十六成佛號曰覺尊，十七成佛號憍陳如，十八成佛號師子力，十九成佛號曰智幢，二十成佛號音聲，二十一成佛號尊勝佛，二十二成佛號離世尊佛，二十三號利益佛，二十四號智光明佛，二十五號師子尊佛，二十六號寂靜智佛，二十七號難陀佛，二十八號尼拘羅王佛，二十九號金色目佛，三十號得自在佛，三十一號曰樂佛，三十二號寶勝佛，三十三號善目佛，三十四號梵善樂佛，三十五號梵仙佛，三十六號梵音佛，三十七號法月佛，三十八號示現義佛，三十九號稱樂佛，四十號增益佛，四十一號端嚴佛，四十二號善香佛，四十三號眼勝佛，四十四號善觀佛，四十五號攝取義佛，四十六號善意願佛，四十七號勝慧佛，四十八號金幢佛，四十九號善目佛，五十號天明佛，五十一號淨飯佛，五十二號善見佛，五十三號毘琉璃幢佛，五十四號毘樓博叉佛，五十五號梵音佛，五十六號功德成就佛，五十七號有功德淨佛，五十八號寶光明佛，五十九號摩尼珠佛，六十號釋迦文尼佛，六十一號音尊王佛，六十二號智和合佛，六十三號勝尊佛，六十四號成華佛，六十五號善華佛，六十六號無怒佛，六十七號日藏佛，六十八號尊樂佛，六十九號日明佛，七十號龍得佛，七十一號金剛光明佛，七十二號稱王佛，七十三號常光明佛，七十四號相光明佛，七十五號刪尼輸佛，七十六號智成就佛，七十七號音王佛，七十八號娑羅王那羅延藏佛，七十九號火藏佛。

「善男子！爾時梵志最小子名離怖惱，在佛前住，白佛言：『世尊！是七十九人佛，今已為現前授記，於遍敷優鉢羅華劫願愛世界，人壽轉多時成阿耨多羅三藐三菩提。世尊！我今佛前發阿耨多羅三藐三菩提心，優鉢羅華劫後分之中，成阿耨多羅三藐三菩提時，如七十九佛所得壽命，願我壽命亦復如是。如七十九佛所度衆生，我所度衆生亦復如是。如七十九佛三乘說法，我亦如是說三乘法。如七十九佛聲聞弟子衆數多少，我之所得衆數多少亦復如是。是七十九佛於優鉢羅華劫，所可教化無量衆生，使受人身未得度者，我於末劫成阿耨多羅三藐三菩提已，悉當教化令住三乘。世尊！若我所願成就得己利者，惟願世尊授我阿耨多羅三藐三菩提記。』

「善男子！爾時寶藏佛即讚離怖惱言：『善哉！善哉！善男子！汝今乃為無量衆生生大悲心。善男子！未來之世過一恒河沙等阿僧祇劫，入第二恒河沙等阿僧祇劫，是中有劫名優鉢羅華，後分之中汝當成阿耨多羅三藐三菩提，號無垢燈出王如來、應、正遍知、明行足、善逝、世間解、無上士、調御丈夫、天人師、佛、世尊。七十九佛所得壽命都合半劫，汝之壽命亦得半劫，如前所願悉得成就。』

「爾時離怖惱菩薩復作是言：『世尊！若我所願成就得己利者，我今頭面敬禮於佛，令此世界周匝遍雨優鉢羅華微妙之香。若有衆生聞此香者，身諸四大清淨無穢調適和順，一切病苦悉得除愈。』

「善男子！爾時離怖惱菩薩說是言已，尋以頭面敬禮佛足。爾時此佛世界尋時遍雨優鉢羅華微妙之香，衆生聞者身諸四大清淨無穢調適和順，一切病苦悉得除愈。

「寶藏如來為是菩薩而說偈言：

善心慈悲，　導師可起，　諸佛世尊，　咸稱讚汝。
能斷堅牢，　諸煩惱結，　當來成善，　淨智慧藏。

「善男子！爾時離怖惱菩薩聞是偈已，心大歡喜，即起合掌前禮佛足，去佛不遠復坐聽法。

「善男子！爾時寶海梵志有三億弟子，在園門外一處而坐，教餘衆生受三歸依，令發阿耨多羅三藐三菩提心者。善男子！爾時梵志勸諸弟子作如是言：『汝等今者應發阿耨多羅三藐三菩提心，取佛世界，今於佛前如心所求便可說之。』

「是三億人中有一人名曰樹提，作如是言：『尊者！云何菩提？云何助菩提法？云何菩薩修行菩提？云何繫念得於菩提？』

「爾時其師報言：『摩納！如汝所問菩提者，即是菩薩之所修集四無盡藏。何等為四？所謂無盡福德藏、無盡智藏、無盡慧藏、無盡佛法和合藏。善男子！是名菩提。

「『摩納！如佛所說助菩提法，所謂攝取助清淨度生死法門。善男子！捨財即是助菩提法，以調伏眾生故。持戒即是助菩提法，隨其所願得成就故。忍辱即是助菩提法，三十二相、八十種隨形好具足故。精進即是助菩提法，具足一切諸事故。禪定即是助菩提法，其心當得善調伏故。智慧即是助菩提法，以知一切諸煩惱故。多聞即是助菩提法，得無閡辯故。福德即是助菩提法，一切眾生之所須故。智即是助菩提法，成就無閡智故。寂滅即是助菩提法，柔軟善心得成就故。思惟即是助菩提法，成就斷疑故。慈心即是助菩提法，成就無閡心故。悲心即是助菩提法，教化眾生無厭足故。喜心即是助菩提法，於正法中生愛樂故。捨心即是助菩提法，成就斷於愛憎法故。聽法即是助菩提法，成就滅五蓋故。出世即是助菩提法，成就捨除一切世間故。阿蘭若是助菩提法，所作不善滅使不生，所有善根多增長故。念是助菩提法，成就護持故。意是助菩提法，成就分別諸法故。持是助菩提法，成就思議寤醒故。念處即是助菩提法，分別身、受、心、法成就故。正勤即是助菩提法，以離一切不善法修行一切善法增廣故。如意足是助菩提法，成就身心輕利故。諸根即是助菩提法，攝取諸根成就故。諸力即是助菩提法，摧滅一切煩惱故。覺是助菩提法，覺知實法故。六和即是助菩提法，調伏衆生令清淨故。摩納！是名攝取助清淨度生死法門。』

「樹提復言：『尊者！如佛所說，布施果報即是大富得大眷屬，護持禁戒得生天上，廣博多聞得大智慧。又如佛說，思惟之法得度生死。』

「師復報言：『摩納！若樂生死故行布施，是故大富。摩納！若善男子、善女人心向菩提，為心調伏故行布施，為心寂靜故持禁戒，為心清淨無有愛濁故求多聞，為大悲故思惟修道，其餘諸法智慧方便成就助求。摩納！是名助菩提法，如是修行即是繫念得菩提也。摩納！如是菩提今應生欲，是道清淨應專心作願。是道無濁心清淨故，是道正直無有諂曲斷煩惱故，是道安隱乃至能到涅槃城故。

汝等今應作大善願，取莊嚴佛土，隨意所求淨及不淨。』

「善男子！爾時樹提摩納在寶藏佛前，右膝著地長跪叉手，前白佛言：『世尊！我今發阿耨多羅三藐三菩提心，此不淨世界所有衆生，少於貪婬、瞋恚、愚癡，不犯非法心無愛濁無怨賊想，捨離慳悋嫉妬之心，離邪見心安住正見，離不善心求諸善法，離三惡心求三善道，於三福處成就善根，於三乘法精勤修集，爾時我當成無上道。世尊！若我所願成就得己利者，令我兩手自然而出白色龍象。』

「作是言已，佛神力故，其兩手中即出龍象，其色純白七處到地。見是事已告言：『龍象！汝等今者可至虛空，去此不遠遍雨此界八德香水，覺悟此界一切衆生，若有衆生得遇一渧，聞其香氣悉斷五蓋，所謂婬欲、瞋恚、眠睡、掉悔、疑蓋。』

「作是語已，爾時龍象在虛空中周旋速疾，猶如力士善射放箭，是二龍象所作諸事悉成就已，復還來至摩納前住，爾時樹提見是事已心大歡喜。

「善男子！爾時寶藏如來即告摩納：『善男子！未來之世過一恒河沙等阿僧

祇劫，入第二恒河沙阿僧祇劫，是時有劫名音光明，此佛世界轉名和合音光明，汝於是中成阿耨多羅三藐三菩提，號寶蓋增光明如來、應、正遍知、明行足、善逝、世間解、無上士、調御丈夫、天人師、佛、世尊。』

「善男子！爾時樹提頭面著地禮於佛足，寶藏如來即為樹提而說偈言：

其心離垢，　清淨且起，　今已授記，　能令無量，
億數衆生，　淨第一道，　於當來世，　調御天人。

「善男子！爾時樹提聞是偈已生大歡喜，即起合掌前禮佛足，去佛不遠復坐聽法。三億弟子除一千人，其餘咸共同聲發願，於此世界成阿耨多羅三藐三菩提。爾時寶藏如來皆為一一授其阿耨多羅三藐三菩提記，乃至毘婆尸、尸棄、毘尸沙婆，最後成阿耨多羅三藐三菩提。

「其餘千人悉皆讀誦毘陀外典，其中最大所宗仰者，名婆由比紐，白佛言：『世尊！我今所願當於五濁惡世成阿耨多羅三藐三菩提，為此厚重貪欲、瞋恚、愚癡、多惱衆生說於正法。』

「時千人中復有一人字曰火鬘，作如是言：『尊者婆由比紐向見何義，願於五濁惡世之中成阿耨多羅三藐三菩提？』

「其師報言：『是菩薩大悲成就故，於五濁世成阿耨多羅三藐三菩提。爾時眾生無有救護無諸善念，其心常為煩惱所亂諸見所侵，於中成阿耨多羅三藐三菩提，乃能大益無量眾生，善能為作擁護依止舍宅燈明，兼復度脫於生死大海，教令安住於正見中，使處涅槃服甘露水。是菩薩摩訶薩欲示現大悲故，願取如是五濁惡世。』

「善男子！爾時寶藏如來告婆由比紐言：『善男子！當來之世過一恒河沙等阿僧祇劫，入第二恒河沙等阿僧祇劫，後分之中東方去此一佛世界微塵數等佛土，有世界名袈裟幢，汝於是中當成阿耨多羅三藐三菩提，號金山王如來、應、正遍知、明行足、善逝、世間解、無上士、調御丈夫、天人師、佛、世尊。』

「爾時婆由比紐復白佛言：『世尊！若我所願成就得己利者，我今頭面敬禮佛足，惟願如來以百福莊嚴佛之兩足置我頂上。』

「善男子！爾時婆由比紐說是語已，尋時敬禮寶藏佛足，即時如來百福之足在其頭上，復以此偈而讚歎言：

大悲心者，　今可還起，　智慧明利，　行菩薩道。
為菩提故，　斷除堅牢，　諸煩惱縛，　當來成佛，
能大利益，　無量衆生。

「善男子！爾時婆由比紐聞是偈已心大歡喜，即起合掌前禮佛足，去佛不遠復坐聽法。

「善男子！爾時火鬘摩納在寶藏佛前，右膝著地長跪叉手，前白佛言：『我今所願於此世界發阿耨多羅三藐三菩提心，若有衆生三毒等分，不能專心住於善法，其心不善，壽四萬歲，爾時我當成阿耨多羅三藐三菩提。』

「爾時寶藏如來告火鬘言：『善男子！未來之世過一恒河沙等阿僧祇劫，入第二恒河沙等阿僧祇劫，後分之中此佛世界當名娑婆。何因緣故名曰娑婆？是諸衆生忍受三毒及諸煩惱，是故彼界名曰忍土。時有大劫名曰善賢，何因緣故劫名

善賢？是大劫中有貪欲、瞋恚、愚癡、憍慢衆生，有千世尊成就大悲出現於世。善男子！賢劫之初人壽四萬歲，於千佛中最初成阿耨多羅三藐三菩提，號拘留孫如來、應、正遍知、明行足、善逝、世間解、無上士、調御丈夫、天人師、佛世尊，為諸衆生說三乘法，令無量衆生在生死者，悉得解脫住於涅槃。」

「善男子！爾時火鬘摩納前禮佛足，却在一面復坐聽法。

「善男子！爾時第二摩納字虛空，在佛前坐，白佛言：『世尊！我於來世次拘留孫如來之處，人壽三萬歲，我當成阿耨多羅三藐三菩提。』

「爾時世尊告虛空摩納言：『善男子！當來之世過一恒河沙等阿僧祇劫，入第二恒河沙等阿僧祇劫後分，入賢劫中娑婆世界，次拘留孫佛後人壽三萬歲，汝當於中成阿耨多羅三藐三菩提，號伽那迦牟尼如來、應、正遍知、明行足、善逝、世間解、無上士、調御丈夫、天人師、佛、世尊，有大名稱遍聞世間。』

「爾時虛空聞受記已，頭面禮佛右遶三匝在佛前住，以種種華散佛身上，叉手恭敬禮以偈讚佛：

攝護身心，　善入禪定，　以微妙音，　善能教誡。
其心清淨，　無有濁亂，　雖化衆生，　不壞世法。
名稱光明，　及念總持，　百福功德，　無不增廣。
為諸衆生，　示現善道，　豎仙勝幡，　積功德山。
持以利益，　無量衆生，　悉令一切，　功德滿足。
又與衆生，　善寂滅道，　所燒煩惱，　如須彌山。
於三有中，　生大悲心，　而與無量，　衆生受記。

「善男子！爾時第三摩納字毘舍掬多，在於佛前以七寶床，床上所敷綩綖茵蓐價直千萬兩金，於其床上置真金器盛滿七寶，純金澡灌七寶妙杖，供養世尊及比丘僧。作是施已，白佛言：『世尊！我未來世過一恒河沙等阿僧祇劫，第二恒河沙等阿僧祇劫後分，入賢劫中，願我成阿耨多羅三藐三菩提。爾時人民壽命損減，初入五濁所有衆生厚重貪婬、瞋恚、愚癡、慳悋、嫉妬，行於邪見隨惡知識，諸不善根以覆其心，於諸善根心沒退失，遠離正見邪命自活。伽那迦牟尼般涅槃後，正法滅已，一切衆生盲無慧眼無所師宗，人壽二萬歲，爾時我當成阿耨多羅三藐三菩提。』

「善男子！爾時寶藏如來讚毘舍捓多言：『善哉！善哉！善男子！汝今成就無上智慧，汝當初入五濁惡世，時人壽命滿二萬歲，盲無慧眼無所師宗，汝於是中成阿耨多羅三藐三菩提，今當號汝為大悲智慧。』

「佛告大悲智慧菩薩：『善男子！汝於來世過一恒河沙等阿僧祇劫，入第二恒河沙等阿僧祇劫後分，入賢劫中，人壽二萬歲，汝於爾時得成阿耨多羅三藐三菩提，號迦葉如來、應、正遍知、明行足、善逝、世間解、無上士、調御丈夫、天人師、佛、世尊。』

「善男子！爾時大悲智慧菩薩，尋以頭面禮於佛足，却住一面，以種種華香、末香、塗香供養世尊，以偈讚佛：

人中之尊，　利益衆生，　悉能令彼，　生愛樂心。
念定法門，　心得專一，　我聞妙音，　心大歡喜。

智慧方便，無不具足，是故能行，世間教化。
又與無量，無邊衆生，授於無上，菩提道記。
緣是得見，十方諸佛，智慧神足，皆悉平等。
諸佛所有，微妙功德，并及示現，修菩薩道，
授諸衆生，無上道記。若欲稱讚，不可得盡，
是故我今，稽首敬禮。

「爾時寶海梵志復告第四摩納毘舍耶無垢言：『善男子！汝今可發阿耨多羅三藐三菩提心。』

「善男子！爾時毘舍耶無垢在佛前住白佛言：『世尊！我願於此世界賢劫中，求阿耨多羅三藐三菩提，非於五濁惡世之中，如迦葉佛所有國土。迦葉如來般涅槃後正法滅已，人壽轉少至千歲，所有布施、調伏、持戒悉皆滅盡，是諸衆生善心轉滅遠離七財，於惡知識起世尊想，於三福事永無學心，離三善行勤行三惡，以諸煩惱覆智慧心令無所見，於三乘法不欲修學。是衆生中，若我欲成阿耨

多羅三藐三菩提，尚無有人能作遮閡，何況人壽一千歲也！乃至人壽百歲，是時眾生乃至無有善法名字，何況有行善根之者！五濁惡世人民壽命稍稍減少，乃至十歲刀劫復起。我於爾時當從天來擁護眾生，為現善法令離不善法，乃至安住十善法中，離於十惡煩惱諸結，悉令清淨滅五濁世眾生，乃至人壽八萬歲，爾時我當成阿耨多羅三藐三菩提。是時眾生少於貪婬、瞋恚、愚癡、無明、慳悋、嫉妬，我於爾時為諸眾生說三乘法令得安住。世尊！若我所願成就得己利者，惟願如來授我阿耨多羅三藐三菩提記。世尊！若我不得如是受記，我於今者當求聲聞或求緣覺，如其乘力疾得解脫度於生死。』

「時寶藏佛告毘舍耶無垢言：『善男子！菩薩有四懈怠，若菩薩成就如是四法者，貪著生死，於生死獄受諸苦惱，不能疾成阿耨多羅三藐三菩提。何等四？下行、下伴、下施、下願。云何菩薩下行？或有菩薩破身、口戒不能善護，是名下行。菩薩下伴親近聲聞及辟支佛與共從事，是名菩薩下伴。云何下施？不能一切捨諸所有，於受者中心生分別，為得天上受快樂故而行布施，是名菩薩下施。

云何下願？不能一心願取諸佛淨妙世界，所作誓願不為調伏一切衆生，是名菩薩之下願也。菩薩成是四懈怠法，久處生死受諸苦惱，不能疾成阿耨多羅三藐三菩提。

「『善男子！復有四法，菩薩成就則能疾成阿耨多羅三藐三菩提。何等四？一、能持禁戒，淨身、口、意，護持法行；二、親近修學大乘之人，與法同事；三、所有之物能一切捨，以大悲心施於一切；四、一心願取種種莊嚴諸佛世界，亦為調伏一切衆生。是名四法，菩薩成就則能疾成阿耨多羅三藐三菩提。

「『復有四法，菩薩成就能持無上菩提之道。何等四？精勤行於諸波羅蜜，攝取一切無量衆生，心常不離四無量行，遊戲諸通。是名四法，菩薩成就能持無上菩提之道。

「『復有四法，令心無厭。何等為四？一者、行施，二、聽法，三、修行，四、攝取衆生。如是四法令心無厭，菩薩應學。

「『復有四無盡藏，是諸菩薩所應成就。何等四？一者、信根，二者、說法，三、善根願，四者、攝取貧窮衆生。是為菩薩四無盡藏具足修滿。

「『復有四清淨法，菩薩成就。何等四？持戒清淨，以無我故；三昧清淨，無衆生故；智慧清淨，無壽命故；解脫知見清淨，以無人故。是為四清淨法，菩薩成就，以是故疾成阿耨多羅三藐三菩提，轉虛空法輪，轉不可思議法輪，轉不可量法輪，轉無我法輪，轉無言說法輪，轉出世法輪，轉通達法輪，轉諸天、人所不能轉微妙之輪。

「『善男子！未來之世，過一恒河沙等阿僧祇劫，入第二恒河沙等阿僧祇劫後分，初入賢劫五濁滅已，壽命增益至八萬歲，汝於是中成阿耨多羅三藐三菩提，號曰彌勒如來、應、正遍知、明行足、善逝、世間解、無上士、調御丈夫、天人師、佛、世尊。』

「爾時毘舍耶摩納在於佛前頭面禮足，卻住一面，以種種華香、末香、塗香供養於佛及比丘僧，以偈讚佛：

世尊無垢，　如真金山，　眉間毫相，　白如珂雪。

應時為我，　說微妙法，　記我來世，　作天人師。
誰有見聞，　而當不取，　仙聖大覺，　世燈功德？

「善男子！爾時寶海梵志一千摩納，惟除一人，悉共讀誦比陀外典，皆已勸化於阿耨多羅三藐三菩提，如拘留孫、迦那伽牟尼、迦葉、彌勒，其第五者名師子光明，亦如是。其千人中，惟除一人，其餘皆願於賢劫中成阿耨多羅三藐三菩提。於其衆中最下小者名持力捷疾，寶海梵志復教令發阿耨多羅三藐三菩提心：『善男子！汝今莫觀久遠，當離心覺，為諸衆生起大悲心。』

「爾時梵志即為持力捷疾而說偈言：

陰界諸入，　所攝衆生，　畏老病死，　墮於愛海。
閉在三有，　可畏獄中，　飲煩惱毒，　互相侵害，
長夜墮在，　苦惱海中。　癡盲無目，　失於正道，
久處生死，　機關所覆。　三有衆生，　諸苦熾然，
以離正見，　安住邪見。　周迴生死，　五道之中，

不得休息，譬如車輪。有諸眾生，失於法眼，
盲無所覩，又無救護。汝應修集，無量智慧，
令離癡惑，使發菩提。應與眾生，作善知識，
為燒愛結，解煩惱縛。應為是等，發菩提心。
失法眼者，為癡所覆，為離癡故，應與勝道。
生死有獄，大火熾然，與法甘露，令其充足。
汝今速往，至於佛所，頭頂禮足，作大利益。
當於佛所，發妙勝願，所願勝妙，善持念之。
汝當來世，調御天人，亦當願施，眾生無畏。
拔濟一切，悉令解脫，亦令具足，根力覺道。
雨大法雨，施智慧水，滅諸眾生，苦惱之火。

「善男子！爾時持力捷疾作如是言：『尊者！我今所願不求生死果報，不求聲聞、辟支佛乘，我今惟求無上大乘，待時、待處、待調伏眾生、待發善願，我

今思惟如是等事。尊者！且待須臾，聽我師子吼。』

「時，善男子！爾時寶海梵志漸漸却行，有侍者五人，一名手龍，二名陸龍，三名水龍，四名虛空龍，五名妙音龍，而告之曰：『汝等今者可發阿耨多羅三藐三菩提心。』

「五人報曰：『尊者！我等空無所有，無以供養佛及衆僧，未種善根，云何得發阿耨多羅三藐三菩提心？』

「善男子！爾時梵志以左耳中所著寶環持與手龍，右耳寶環持與陸*龍，所坐寶床持與水龍，所用寶杖與虛空龍，純金澡罐與妙音龍，如是與已復作是言：『童子！汝今可持此物供養佛及衆僧，發阿耨多羅三藐三菩提心。』」

悲華經卷第五

悲華經卷第六

北涼天竺三藏曇無讖譯

諸菩薩本授記品第四之四

「爾時五人即至佛所，以所得物供養世尊及比丘僧，供養已復白佛言：『世尊！惟願如來授我阿耨多羅三藐三菩提記，令於賢劫成阿耨多羅三藐三菩提。』

「善男子！爾時寶藏如來即與五人授阿耨多羅三藐三菩提記：『手龍汝於來世賢劫之中，當得成佛，號堅音如來，十號具足。堅音如來般涅槃後，陸龍次當作佛，號快樂尊如來，十號具足。快樂尊佛般涅槃後，水龍次當成佛，號導師如來，十號具足。導師佛般涅槃後，虛空龍次當成佛，號愛清淨如來，十號具足。

愛清淨佛般涅槃後，妙音龍次當作佛，號那羅延勝葉如來，十號具足。』

「善男子！寶藏如來記是五人賢劫成佛已，寶海梵志復告持力捷疾：『善男子！汝今可取種種莊嚴淨妙世界，如心所憙便可發願，與一切眾生甘露法味，專心精勤行菩薩道，慎莫思惟劫數長遠。』

「善男子！爾時梵志捉持力捷疾臂將至佛所，至佛所已坐於佛前白佛言：『世尊！未來之世於賢劫中，有幾佛向如來出世？』

「爾時佛告持力捷疾言：『善男子！半賢劫中有千四佛出現於世。』

「持力捷疾言：『世尊！彼賢劫中諸佛世尊般涅槃已，最後妙音龍成阿耨多羅三藐三菩提，號那羅延勝葉。世尊！我願於爾時修菩薩道，修諸苦行，持戒、布施、多聞、精進、忍辱、愛語、福德、智慧，種種助道悉令具足。賢劫諸佛垂成佛時，願我在初奉施飲食，般涅槃後收取舍利，起塔供養護持正法。見毀戒者，勸化安止令住持戒。遠離正見墮諸見者，勸化安止令住正見。散亂心者，勸化安止令住定心。無威儀者，勸化安止住聖威儀。若有眾生欲行善根，我當為其開示善根。彼諸世尊般涅槃後正法垂滅，我於爾時當護持之令不斷絕，於世界中然正法燈。

「『刀兵劫時，我當教化一切眾生，持不殺戒乃至正見，於十惡中拔出眾生，安止令住十善道中，滅諸盲冥開示善法，我當滅此劫濁、命濁、眾生濁、煩惱濁、見濁，令無有餘。於飢饉劫，我當勸化一切眾生，安止住於檀波羅蜜，乃至般若波羅蜜亦如是。我勸眾生住六波羅蜜時，眾生所有一切飢餓、黑闇穢濁、怨賊鬪諍，及諸煩惱悉令寂靜。於疾疫劫，我當教化一切眾生，悉令住於六和法中，亦令安止住四攝法，眾生所有疾疫、黑闇當令滅盡。於半賢劫，斷滅眾生如是苦惱。

「『一千四佛於半劫中出世、涅槃，正法滅已，然後我當成阿耨多羅三藐三菩提。如千四佛所得壽命、聲聞弟子，我之壽命、聲聞弟子亦復如是等無差別。如千四佛於半劫中調伏眾生，願我亦於半賢劫之中調伏眾生。是半劫中諸佛所有聲聞弟子，毀於禁戒墮在諸見，於諸佛所無有恭敬，生於瞋恚、惱害之心，破法、壞僧、誹謗賢聖，毀壞正法作惡逆罪。世尊！我成阿耨多羅三藐三菩提時，悉當拔出於生死污泥，令入無畏涅槃城中。

「『我般涅槃後，正法賢劫一時滅盡。若我涅槃，正法賢劫俱滅盡已，我之齒骨并及舍利，悉當變化作佛形像，三十二相瓔珞其身，一一相中有八十種好次第莊嚴，遍至十方無量無邊無佛世界，一一化佛以三乘法，教化無量無邊眾生悉令不退。若彼世界病劫起時無有佛法，是化佛像亦當至中教化眾生，如前所說。若諸世界無珍寶者，願作如意摩尼寶珠，雨諸珍寶，自然發出純金之藏。若諸世界所有眾生離諸善根諸苦纏身，我當於中雨憂陀娑香、栴檀、沈水種種諸香，令諸眾生斷煩惱病、諸邪見病、身四大病，於三福處勤心修行，令命終時生天、人中。世尊！我行菩薩道時，當作如是利益眾生。我成阿耨多羅三藐三菩提已，當作如是佛事。般涅槃後舍利復至無量世界，如是利益眾生。

「『世尊！若我所願不成不得己利，不能與諸眾生作大醫王，不能利益者，我今便為欺誑十方無量世界在在處處現在諸佛如來，今者亦復不應與我授阿耨多羅三藐三菩提記。世尊！所與無量無邊億阿僧祇衆生，授阿耨多羅三藐三菩提記者，我亦不得見如是人，亦不聞佛音聲、法僧之聲、行善法聲，常墮阿鼻地獄中。世尊！若我所願成就得己利者，如來今者當稱讚我。」

「時佛即讚持力捷疾：『善哉！善哉！善男子！汝於來世作大醫王，令諸衆生離諸苦惱，是故字汝為火淨藥王。』

「佛告火淨藥王：『汝於來世過一恒河沙等阿僧祇劫，入第二恒河沙阿僧祇劫，後分賢劫中一千四佛，垂成阿耨多羅三藐三菩提，汝當悉得奉施飲食，乃至如上汝之所願。那羅延勝葉般涅槃後正法滅已，汝當成於阿耨多羅三藐三菩提，號樓至如來、應、正遍知、明行足、善逝、世間解、無上士、調御丈夫、天人師、佛、世尊，壽命半劫。汝之所得聲聞弟子，如千四佛所有弟子，等無差別所化衆生。般涅槃後，正法滅已賢劫俱盡，齒骨舍利悉化作佛，乃至生天、人中亦復如是。』

「爾時火淨藥王菩薩復白佛言：『世尊！若我所願成就得己利者，惟願如來以百福莊嚴金色之手摩我頂上。』

「善男子！爾時寶藏如來即以百福莊嚴之手摩火淨藥王頂上。善男子！爾時火淨藥王菩薩見是事已心生歡喜，即以頭面禮於佛足，卻住一面。

「爾時寶海梵志以天妙衣與火淨藥王菩薩，而讚之曰：『善哉！善哉！善男子！汝之所願甚奇甚特，從今已往更不須汝與我策使，常得自在修安樂行。』」

爾時佛告寂意菩薩：「善男子！時寶海梵志作是思惟：『我今已勸無量無邊百千億那由他眾生，令住阿耨多羅三藐三菩提，我今見是諸大菩薩各各發願取淨佛土，唯除一人婆由毘紐。此賢劫中其餘菩薩亦離五濁，我今當於是末世中以真法味與諸眾生，我今當自堅牢莊嚴作諸善願，如師子吼，悉令一切菩薩聞已心生疑怪歎未曾有，復令一切大眾天、龍、鬼、神、乾闥婆、阿修羅、迦樓羅、緊那羅、摩睺羅伽、人及非人，叉手恭敬供養於我。令佛世尊稱讚於我并授記莂，令十*方無量無邊在在處處現在諸佛，為諸眾生講說正法。彼諸如來聞我師子吼者，悉讚歎授我阿耨多羅三藐三菩提記，亦遣使來令諸大眾悉得見之。

「『我今最後發大誓願，成就菩薩所有大悲，乃至成阿耨多羅三藐三菩提已，若有衆生聞我大悲名者，悉令生於希有之心。若於後時有諸菩薩成就大悲者，亦當願取如是世界。是世界中所有衆生飢虛於法，盲無慧眼具足四流，是諸菩薩當作救護而為說法。我乃至般涅槃已，十方無量無邊百千億諸世界中，在在處處現在諸佛，於諸菩薩大衆之中稱讚我名，亦復宣說我之善願，令彼菩薩以大悲勤心，皆專心聽聞是事已，心大驚怪歎未曾有，先所得悲皆更增廣。如我所願取不淨土，是諸菩薩皆如我於不淨世界，成阿耨多羅三藐三菩提，拔出四流衆生，安止令住於三乘中乃至涅槃。』

「善男子！爾時寶海梵志思惟如是大悲願已，偏袒右肩至於佛所。爾時復有無量百千萬億諸天，在虛空中作天伎樂雨種種華，各各同聲而讚歎言：『善哉！善哉！善大丈夫！今至佛所發奇特願，欲以智水滅於世間衆生煩惱。』

「爾時一切大衆合掌恭敬，在梵志前同聲禮敬，而讚歎言：『善哉！善哉！尊大智慧！我等今者得大利益，能作牢堅諸善願也。我等今者願聞尊意所發善願。』

「爾時梵志在於佛前右膝著地，爾時三千大千世界六種震動，種種伎樂不鼓自鳴，飛鳥走獸相和作聲，一切諸樹生非時華，三千大千世界之中因地眾生，於阿耨多羅三藐三菩提，若已發心、若未發心，惟除地獄、餓鬼、下劣畜生，其餘眾生皆悉生於大利益心、純善之心、無怨賊心、無穢濁心、慈希有心。飛行眾生尋住於空心生歡喜，散種種華、末香、塗香，種種伎樂、幢幡、衣服而以供養，柔軟妙音讚詠梵志，皆悉一心欲聞梵志所發善願。乃至阿迦貳吒天天上諸天亦下閻浮提，在虛空中散種種華、末香、塗香，種種伎樂、幢幡、衣服而以供養，柔濡妙音讚詠梵志，精勤一心欲聞梵志所發善願。

「爾時寶海梵志叉手恭敬以偈讚佛：

遊戲禪定，　如大梵王，　光明端嚴，　如天帝釋。
捨財布施，　如轉輪王，　持妙珍寶，　如主藏臣。
功德自在，　如師子王，　不可傾動，　如須彌山。
心不波蕩，　如大海水，　於罪不罪，　其心如地。

除諸煩惱，如清淨水，燒諸結使，如火猛焰。
無諸障閡，猶如大風，示現實法，如四天王。
所雨法雨，如大龍王，充足一切，猶如時雨。
破諸外道，如大論師，功德妙音，如須曼華。
說法妙音，猶如梵天，除諸苦惱，如大醫王。
等心一切，如母愛子，攝取眾生，猶如慈父。
身不可壞，如金剛山，能斷愛枝，猶如利刀。
廣度生死，猶如船師，以智濟人，猶如舟船。
光明清涼，如月盛滿，開眾生華，如日初出。
能與眾生，沙門四果，猶如秋樹，生諸果實。
僊聖圍遶，猶如鳳凰，其意深廣，猶如大海。
等心眾生，猶如草木，知諸法相，如觀空拳。
等心行世，平如水相，成就妙相，善於大悲。

能與無量，　眾生授記，　我今調伏，　無量眾生。
惟願如來，　與我授記，　於未來世，　成就勝道。
微妙智慧，　大僊世尊，　願以妙音，　真實說之。
我於惡世，　要修諸忍，　與諸結使，　煩惱賊鬪。
拔出無量，　一切眾生，　安止住於，　寂滅道中。

「善男子！寶海梵志說此偈讚佛已，是時一切大眾皆讚歎言：『善哉！善哉！大丈夫！善能讚歎如來法王。』

「爾時梵志復白佛言：『世尊！我已教化無量億眾發阿耨多羅三藐三菩提心，是諸眾生已各願取淨妙世界，離不淨土，以清淨心種諸善根，善攝眾生而調伏之。火鬘摩納等一千四人，皆悉讀誦毘陀外典，如來已為是諸人等授其記莂，於賢劫中當成為佛。有諸眾生多行貪婬、瞋癡、憍慢，悉當調伏於三乘中。是一千四佛所放捨者，所謂眾生厚重煩惱，五濁惡世能作五逆、毀壞正法、誹謗聖人，行於邪見，離聖七財，不孝父母，於諸沙門、婆羅門所心無恭敬，作不應作，應作不作，不行福事，不畏後世，於三福處無心欲行，不求天上人中果報，勤行十惡趣三不善，離善知識不知親近真實智慧，入於三有生死獄中，隨四流流沒在灰河，為癡所盲，離諸善業專行惡業。如是眾生諸佛世界所不容受，是故擯來集此世界，以離善業行不善業行於邪道，重惡之罪積如大山。爾時娑婆世界賢劫中人壽命千歲，是一千四佛大悲不成，不取如是弊惡之世，令諸眾生流轉生死，猶如機關無有救護，無所依止，無舍、無燈，受諸苦惱而反捨放。各各願取淨妙世界，淨土眾生已自善調其心清淨，已種善根勤行精進，已得供養無量諸佛而更攝取。世尊！是諸人等為實爾不？』

「爾時世尊即告梵志：『實如所言，善男子！是諸人等如其所憙，各取種種嚴淨世界，我隨其心已與授記。』

「爾時梵志復白佛言：『世尊！我今心動如緊花樹葉，心大憂愁身皆焦悴，此諸菩薩雖生大悲不能取此五濁惡世，今彼諸眾生墮癡黑闇。世尊！乃至來世過一恒河沙等阿僧祇劫，入第二恒河沙等阿僧祇劫，後分賢劫中人壽千歲，我當爾時行菩薩道，久在生死忍受諸苦，以諸菩薩三昧力故，要當不捨如是眾生。

「『世尊！我今自行六波羅蜜調伏眾生。如佛言曰：以財物施名檀波羅蜜。世尊！我行檀波羅蜜時，若有眾生世世從我乞求所須，向其所求要當給足飲食、醫藥、衣服、臥具、舍宅、聚落、華香、瓔珞、塗身之香，供給病者醫藥、侍使、幢幡、寶蓋、錢財、穀帛、象馬、車乘、金銀、錢貨、真珠、琉璃、頗梨、珂貝、璧玉、珊瑚、真寶、偽寶、天冠、拂飾，如是等物，我於眾生乃至貧窮，生大悲心悉以施與。雖作是施不求天上人中果報，但為調伏攝眾生故，以是因緣捨諸所有。若有眾生乞求過量，所謂奴婢、聚落、城邑、妻子、男女、手腳、鼻舌、頭目、皮血、骨肉、身命，乞求如是過量之物，爾時我當生大悲心，以此諸物持用布施不求果報，但為調伏攝眾生故。

「『世尊！我行檀波羅蜜時，過去菩薩行檀波羅蜜者所不能及，未來菩薩當發阿耨多羅三藐三菩提心，行檀波羅蜜者亦不能及。世尊！我於來世為行菩薩道故，於百千億劫當行如是檀波羅蜜。世尊！未來之世若有欲行菩薩道者，我當為是行檀波羅蜜令不斷絕。我初入尸羅波羅蜜時，為阿耨多羅三藐三菩提故，持種種戒修諸苦行，如檀中說。觀我無我故，五情不為五塵所傷，此羼提波羅蜜，我如是行羼提波羅蜜亦如上說。觀有為法離諸過惡，見無為法微妙寂滅，精勤修集於無上道不生退轉，此毘梨耶波羅蜜，我亦如是行毘梨耶波羅蜜。若一切處修行空相得寂滅法，是名禪波羅蜜。若解諸法本無生性今則無滅，是名般若波羅蜜。

「『我於無量百千億阿僧祇劫，堅固精勤修集般若波羅蜜。何以故？或有菩薩於過去世不為阿耨多羅三藐三菩提行菩薩道，堅固精勤修集般若波羅蜜。未來之世或有菩薩未為阿耨多羅三藐三菩提行菩薩道，堅固精勤修集般若波羅蜜。是故我今當於來世發阿耨多羅三藐三菩提心修菩薩道，令諸善法無有斷絕。世尊！我初發心已，為未來諸菩薩等，開示大悲乃至涅槃，有得聞我大悲名者，心生驚怪歎未曾有，是故我於布施不自稱讚，不依持戒，不念忍辱，不猗精進，不味諸禪，所有智慧不著三世。雖行如是六波羅蜜，不求果報。

「『有諸眾生離聖七財，諸佛世界之所擯棄，作五逆罪、毀壞正法、誹謗賢聖，行於邪見，重惡之罪猶如大山，常為邪道之所覆蔽，是故我今為是衆生專心莊嚴，精勤修集六波羅蜜。我為一一衆生種善根故，於十劫中入阿鼻地獄受無量苦，畜生、餓鬼及貧窮、鬼神、卑賤人中，亦復如是。若有衆生空無善根失念燋心，我悉攝取而調伏之令種善根，乃至賢劫於其中間終不願在天上、人中受諸快樂，惟除一生處兜術天待時成佛。

「『世尊！我應如是久處生死，如一佛世界微塵等劫，以諸所須供養諸佛，為一衆生種善根故，以一佛世界微塵數等諸供養具，供養十方無量無邊一一諸佛。亦於十方無量無邊一一佛所，得如一佛世界微塵數等諸善功德。於一一佛前復得教化如一佛世界微塵數等衆生，令住無上菩提之道，緣覺、聲聞亦復如是。

「『隨諸衆生所願而教，若有世界佛未出世，願作僊人，教諸衆生令住十善、五神通中，遠離諸見。若有衆生事摩醯首羅天，我願化身如摩醯首羅，而教化之令住善法。事八臂者，亦願化為八臂天身，而教化之令住善法。事日月梵天，亦願化為日月梵身，而教化之令住善法。有事金翅鳥乃至事兔，願化為兔身隨而教化令住善法。若見飢餓衆生，我當以身血肉與之令其飽滿。若有衆生犯於諸罪，當以身命代其受罪為作救護。

「『世尊！未來世中有諸衆生，離諸善根燒滅善心，我於爾時為是衆生當勤精進行菩薩道，在生死中受諸苦惱。乃至過一恒河沙等阿僧祇劫，入第二恒河沙等阿僧祇劫後分，初入賢劫，火鬘摩納成阿耨多羅三藐三菩提，字拘留孫如來時，我所教化離諸善業、行不善業、燒燋善心、離聖七財、作五逆罪、毀壞正法、誹謗聖人、行於邪見、重惡之罪猶如大山、常為邪道之所覆蔽、無佛世界所棄捐者，令發阿耨多羅三藐三菩提心，行檀波羅蜜，乃至行般若波羅蜜，安止住於不退轉地，皆令成佛在於十方，如一佛土微塵數等諸佛世界轉正法輪，令諸衆生於阿耨多羅三藐三菩提，種諸善根出離惡道，安止得住功德智慧助菩提法者，願我爾時悉得見之。

「『世尊！若有諸佛在在處處，遣諸衆生至於佛所，受阿耨多羅三藐三菩提記，令得陀羅尼三昧忍辱，即得次第上菩薩位，得於種種莊嚴世界，各各悉得隨意所求取淨佛土。如是衆生悉是我之所勸化者，入賢劫中拘留孫佛出世之時，如是等衆亦於十方如微塵等諸佛世界，成阿耨多羅三藐三菩提，在在處處住世說法亦令我見。

「『世尊！拘留孫佛成佛之時，我至其所以諸供具而供養之，種種諮問出家之法，持清淨戒廣學多聞，專修三昧勤行精進說微妙法，唯除如來餘無能勝。是時或有鈍根衆生無諸善根，墮在邪見行不正道，作五逆罪、毀壞正法、誹謗聖賢，重惡之罪猶如大山，我時當為如是衆生，說於正法攝取調伏。佛日沒已，我於其後自然當作無量佛事，伽那迦牟尼、迦葉佛等住世說法，乃至自然作於佛事，亦復如是。乃至人壽千歲，我於爾時勸諸衆生於三福處，過千歲已，上生天上為諸天人講說正法令得調伏。

「『乃至人壽百二十歲，爾時衆生愚癡自在，自恃端正種姓豪族，有諸放逸、慳悋、嫉妬，墮在黑闇五濁惡世，厚重貪欲、瞋恚、愚癡、憍慢、慳悋、嫉妬，非法行欲、非法求財，行邪倒見，離聖七財，不孝父母，於諸沙門、婆羅門所不生恭敬，應作不作，作不應作，不行福事，不畏後世，不勤修集於三福處，不樂三乘，於三善根不能修行，專為三惡，不修十善勤行十惡，其心常為四倒所覆，安止住於四破戒中，令四魔王常得自在，*漂在四流，五蓋蓋心。

「『當來世中如是衆生，六根放逸行八邪法，入大罪山起諸結縛，不求天上、人中果報，邪倒諸見趣於邪道，行於五逆、毀壞正法、誹謗聖人，離諸善根，貧窮下賤無所畏忌，不識恩義失於正念，輕蔑善法無有智慧，不能學問破戒諛諂，以嫉妬心於所得物不與他分，互相輕慢無有恭敬，懶惰懈怠諸根缺漏，身體羸劣乏於衣服，親近惡友處胎失念，以受種種苦惱故惡色燋悴，其眼互視無慚無愧，互相怖畏，於一食頃身、口、意業所作諸惡無量無邊，以能為惡故得稱歎。

「『爾時衆生專共修集斷常二見，堅著五陰危脆之身，於五欲中深生貪著，常起忿恚怨賊之心欲害衆生，心常瞋惱、穢濁、麤朴，未得調伏慳悋貪著，不捨非法無有決定，互相畏怖起於諍競，以穢濁心共相殺害，遠離善法起無善心作諸惡業，於善不善不信果報，於諸善法起違背心，於滅善法生歡喜心，於不善法起專作心，於寂滅涅槃起不救心，於持戒沙門、婆羅門所生不敬心，於諸縛結起悕求心，於老病死起深信心，於諸煩惱起受持心，於五蓋法起攝取心，於正法幢起遠離心，於諸見幢起竪立心，常起相違輕毀之心，共起鬪諍相食噉心，各各相違共相侵陵，攝取怨恨惱亂之心，於諸欲惡起無厭心，於他財物起嫉妬心，於受恩中起不報心，於諸衆生起賊盜心，於他婦女起侵惱心。

「『是時衆生一切心中無有善願，是故常聞地獄聲、畜生聲、餓鬼聲、疾病聲、老死聲、惱害聲、八難聲、閉繫聲、杻械枷鎖縛束聲、奪他財物侵惱聲、瞋恚輕毀呵責聲、破壞衆人和合聲、他方國賊兵甲聲、飢餓聲、穀貴偷盜聲、邪婬妄語狂癡聲、兩舌惡言綺語聲、慳貪嫉妬攝取聲、若我我所鬪諍聲、憎愛適意不適意聲、恩愛別離憂悲聲、怨憎集聚苦惱聲、各各相畏僮僕聲、處胎臭穢不淨聲、寒熱飢渴疲極聲、耕犁種殖忽務聲、種種工巧疲厭聲、疾病患苦羸損聲，是時衆生各各常聞如是等聲。如是衆生斷諸善根，離善知識常懷瞋恚，皆悉充滿娑婆世界，悉是他方諸佛世界之所擯棄，以重業故於賢劫中壽百二十歲。如是衆生業因緣故，於娑婆世界受其卑陋，成就一切諸善根者之所遠離。

「『娑婆世界其地多有鹹苦、鹽鹵、土沙、礫石、山陵、埠阜、谿谷、溝壑、蚊虻、毒蛇、諸惡鳥獸充滿其中，麤澁惡風非時而起，當於非時惡雹、雨水，其雨水味毒酢鹹苦，以是雨故生諸藥草、樹木、莖節、枝葉、華果、百穀諸味皆悉雜毒，如是非時麤澁惡濁雜毒之物，衆生食已增益瞋恚，顏色燋悴無有潤澤。於諸衆生心無慈愍，誹謗聖人各各無有恭敬之心，常懷恐怖共相殘害生惱亂心，噉肉飲血剝皮而衣，執持刀杖勤作殺害，自恃豪族色相端正，讀誦外典便習鞍馬，善用刀矟、弓箭、射御，於自眷屬生嫉妬心，若諸衆生修習邪法受種種苦。

「『世尊！願我爾時從兜術天下，生最勝轉輪王家、若自在王家，處在第一大夫人胎，為諸衆生調伏其心。修善根故尋入胎時放大光明，其光微妙遍照娑婆世界，從金剛際上至阿迦尼吒天，令彼所有諸衆生等，若在地獄、若在畜生、若在餓鬼、若在天上、若在人中、若有色、若無色、若有想、若無想、若非有想、若非無想，悉願見我微妙光明，若光觸身亦願得知。以見知光故，悉得分別生死過患，勤求無上寂滅涅槃，乃至一念斷諸煩惱，是名令諸眾生初種涅槃之根栽也。

「『願我處胎於十月中，得選擇一切法入一切法門，所謂無生空三昧門，於未來世無量劫中說此三昧，善決定心不可得盡。若我出胎成阿耨多羅三藐三菩提已，彼諸眾生我當拔出令離生死，如是等眾悉令見我雖處母胎滿足十月，然其實是住珍寶三昧，結加趺坐正受思惟，十月滿已從右脇出，以一切功德成就三昧力故，令娑婆世界從金剛際上至阿迦尼吒天六種震動，其中眾生或處地獄、畜生、餓鬼、天上、人中，悉得惺悟。爾時復有以微妙光明遍照娑婆世界，亦得惺悟無量眾生。若有眾生未種善根，我當安止令種善根。於涅槃中種善根已，令諸眾生生三昧芽。

「『我出右脇足蹈地時，復願娑婆世界從金剛際上至阿迦尼吒天六種震動，所有眾生依水、依地、依於虛空，胎生、卵生、濕生、化生，在五道者悉得惺悟。若有眾生未得三昧願皆得之，得三昧已，安止令住三乘法中不退轉地。我既生已，於娑婆世界所有諸天梵王、魔天、忉利諸天，及日月天、四天王、諸大龍王、乾闥婆、阿修羅、迦樓羅、緊那羅、摩睺羅伽、化生、神僊、夜叉、羅剎，悉令盡來共供養我。令我生已尋行七步，行七步已，以選擇功德三昧力故，說於正法令諸大眾心生歡喜住於三乘。於此眾中若有眾生學聲聞者，願盡此生便得調伏。若有習學緣覺乘者，一切皆得日華忍辱。有學大乘者，皆得執持金剛愛護大海三昧，以三昧力故超過三住。

「『我於爾時悕求洗浴，願有最勝大龍王來洗浴我身，眾生見者即住三乘，所得功德如上所說。我為童子乘羊車時，所可示現種種伎術。為悟一切諸眾生故，處在宮殿，妻子、綵女、五欲之中，共相娛樂見其過患。夜半出城除諸瓔珞嚴身之具，為欲破壞尼揵子等諸外道師，恭敬衣服，故我著袈裟至菩提樹下，眾生見我處於菩提樹下，皆悉發願欲令我速以一切功德成就三昧力說三乘法，聞是法已，於三乘中生深重欲勤行精進。

「『若有已發聲聞乘者令脫煩惱，要一生在當於我所而得調伏。若有已發緣覺乘者，皆悉令得日華忍辱。若有已發大乘之者，皆得執持金剛愛護大海三昧，以三昧力故超過四地。我自受草於菩提樹下敷金剛座處，結加趺坐身心正直，繫念在於阿頗三昧，以三昧力故令入出息停住寂靜，於此定中一日一夜。日食半麻半米，以其餘半持施他人。

「『我如是久遠修集苦行，娑婆世界上至阿迦尼吒，聞我名者皆到我所供養於我。我如是苦行，如是等衆悉當為我而作證明。若有衆生於聲聞乘種善根者，世尊！願令是等於諸煩惱心得寂靜，若餘一生要至我所，我當調伏，緣覺、大乘亦復如是。若有諸龍、鬼、神、乾闥婆、阿修羅、迦樓羅、緊那羅、摩睺羅伽、餓鬼、毘舍遮、五通神僊，來至我所供養於我，我如是苦行，是等衆生皆為證明。若有已學聲聞、緣覺及大乘者，亦復如是。

「『若有四天下衆生，修於外道麤食苦行，有諸非人往至其所說如是言：「卿等不能悉行諸苦，亦復不得大果報也！非是希有！如我地分有一生菩薩行於苦行，復入如是微妙禪定，身、口、意業皆悉寂靜，滅出入息一日一夜，日食半麻半米，如是苦行大得果報，得大利益多所開化，是苦行人不久當成阿耨多羅三藐三菩提。卿若不信我所言者，自可往至其所觀其所作。」世尊！願是諸人捨其所修，悉來我所觀我苦行，或有眾生已學聲聞乃至大乘亦復如是。

「『若有諸王、大臣、人民，在家、出家，一切見我行是苦行，來至我所供養於我，或有已學聲聞、緣覺、大乘亦復如是。若有女人見我苦行，來至我所供養於我，是諸女人所受身分即是後身，若有已學聲聞、緣覺、大乘亦復如是。若有諸禽獸見我苦行亦至我所，是諸禽獸於此命終，更不復受畜生之身。若有已發聲聞乘者，餘一生在要至我所而得調伏。若有已發緣覺心者亦復如是，乃至微細小蟲餓鬼亦如是。我如是久遠苦行一結加趺坐，時有百千億那由他等無量眾生為我證明，如是眾生已於無量無邊阿僧祇劫種解脫子。世尊！我如是苦行，過去眾生未曾有能作如是行，及餘外道、聲聞、緣覺、大乘之人，亦無有能作如是苦行。世尊！我如是苦行，未來眾生亦無能作，及餘外道、聲聞、緣覺、大乘之人，亦無能作如是苦行。

「『我未成阿耨多羅三藐三菩提時，已能作大事，所謂破壞魔王及其眷屬。

我願破煩惱魔，成阿耨多羅三藐三菩提已，為一眾生安住阿羅漢勝妙果中，隨爾所時現受殘業報身。如是第二眾生安住阿羅漢，第三、第四亦復如是。我為一一眾生故，示現百千無量神足，欲令安住正見之中。為一一眾生故，說百千無量法門義，隨其所堪令住聖果。以金剛智慧，破一切眾生諸煩惱山，為諸眾生說三乘法。為一一眾生故，過百千由旬不乘神力，往至其所而為說法，令得安住無所畏中。或有諸人於我法中欲出家者，願無障閡，所謂羸劣、失念、狂亂、憍慢，無有畏懼、癡無智慧、多諸結使、其心散亂。若有女人欲於我法出家學道，受大戒者成就大願。我諸四眾比丘、比丘尼、優婆塞、優婆夷悉得供養，願諸天、人及諸鬼、神得四聖諦，諸龍、阿修羅及餘畜生受持八戒修淨梵行。

「『世尊！我成阿耨多羅三藐三菩提已，若有眾生於我生瞋，或以刀杖、火坑及餘種種欲殘害我，或以惡言誹謗罵詈，遍十方界而作輕毀，若持毒食以用飯我，如是殘業我悉受之。成阿耨多羅三藐三菩提，往昔所有怨賊眾生，起於害心種種惡言，以雜毒食出我身血，如是等人悉以惡心來至我所，我當以戒多聞三昧，大悲薰心梵音妙聲而為說法，令彼聞已心生清淨住於善法，所作惡業尋便懺悔更不復作，悉令得生天上、人中無有障閡。生天人中得妙解脫，安住勝果離諸欲惡，永斷諸流障閡業盡。若諸眾生有殘業者，皆悉得盡無有遺餘。

「『世尊！我成阿耨多羅三藐三菩提已，一切所有身諸毛孔，日日常有諸化佛出，三十二相瓔珞其身，八十種好次第莊嚴，我當遣至無佛世界、有佛世界及五濁界。若彼世界有五逆人、毀壞正法、誹謗聖人乃至斷諸善根，有學聲聞、緣覺、大乘，毀破諸戒墮於大罪，燒滅善心滅失善道，墮在生死空曠澤中，行諸邪道登涉罪山，如是眾生百千萬億，一一化佛一日之中遍為說法。或有奉事魔醯首羅，隨作其形而為說法，亦於爾時稱我名字而讚歎之，願是眾生聞讚歎我心生歡喜，種諸善根生我世界。

「『世尊！是諸眾生若臨終時，我不在其前為演說法令心淨者，我於未來終不成阿耨多羅三藐三菩提。若彼眾生命終之後墮三惡道，不生我國受人身者，我之所知無量正法悉當滅失，所有佛事皆不成就，事那羅延者亦復如是。世尊！我成阿耨多羅三藐三菩提已，願令他方世界所有五逆之人，乃至行諸邪道登涉罪山，如是衆生臨命終時，悉來集聚生我世界。隨其本相所受身色，艾白無潤面目醜陋如毘舍遮，失念、破戒、臭穢、短命，以此諸惡損減其身，資生所須常不供足。為是衆生故，於娑婆世界諸四天下，一時之中從兜術下現處母胎，乃至童子學諸伎藝，出家苦行破壞諸魔，成無上道轉正法輪，般涅槃後流布舍利，如是示現種種佛事，悉皆遍滿如是百億諸四天下。』」

悲華經卷第六

悲華經卷第七

北涼天竺三藏曇無讖譯

諸菩薩本授記品第四之五

「『世尊！我成阿耨多羅三藐三菩提已一音說法，或有眾生學聲聞乘，聞佛說法即得知聲聞法藏。或有修學辟支佛乘，聞佛說法便得解於辟支佛法。或有修學無上大乘，聞佛說法便得解了大乘之法純一無雜。若有修集助菩提法欲得菩提，聞佛說法即得捨財行於布施。若有眾生離諸功德，悕求天上、人中快樂，聞佛說法即得持戒。若有眾生互相怖畏有愛瞋心，聞佛說法即得相於生親厚心。若有眾生憙為殺業，聞佛說法即得悲心。若有眾生常為慳悋、嫉妬覆心，聞佛說法即修喜心。若有衆生端正無病，貪著於色心生放逸，聞佛說法即得捨心。若有衆生婬欲熾盛其心放逸，聞佛說法即觀不淨。若有衆生學大乘者為掉蓋所覆，聞佛說法即得身念處法。若有衆生常自稱讚能大論議，其智慧明猶如掣電，聞佛說法即解甚深十二因緣。若有衆生寡聞少見自稱能論，聞佛說法即得不奪不失諸陀羅尼。若有衆生入邪見山，聞佛說法即解諸法甚深空門。若有衆生諸覺覆心，聞佛說法即得深解無相法門。若有衆生諸不淨願覆蔽其心，聞佛說法即得深解無作法門。

「『若有衆生心不清淨，聞佛說法心得清淨。若有衆生以多緣覆心，聞佛說法得解不失菩提心法。若有衆生瞋恚覆心，聞佛說法解真實相得受記莂。若有衆生依猗覆心，聞佛說法深解諸法無所依猗。若有衆生愛染覆心，聞佛說法疾解諸法無垢清淨。若有衆生忘失善心，聞佛說法深解日光三昧。若有衆生行諸魔業，聞佛說法速得解了清淨之法。若有衆生邪論覆心，聞佛說法即得深解增益正法。若有衆生煩惱覆心，聞佛說法即得解了離煩惱法。若有衆生行諸惡道，聞佛說法即得迴反。若有衆生於大乘法讚說邪法以為吉妙，聞佛說法即於邪法生退轉心而得正解。若有菩薩厭於生死，聞佛說法即於生死心生愛樂。若有衆生不知善地，聞佛說法即得覺了善地之法。若有衆生見他為善不生好樂生於妬嫉，聞佛說法即得心喜。若有衆生其心各各共相違反，聞佛說法即得無閡光明。若有衆生行諸惡業，聞佛說法深解惡業所得果報。

「『若有衆生怖畏大衆，聞佛說法深得解了師子相三昧。若有衆生四魔覆心，聞佛說法疾得首楞嚴三昧。若有衆生不見諸佛國土光明，聞佛說法即得深解種種莊嚴光明三昧。若有衆生有憎愛心，聞佛說法即得捨心。若有衆生未得佛法光明，聞佛說法即得法幢三昧。若有衆生離大智慧，聞佛說法即得法炬三昧。若有衆生疑闇覆心，聞佛說法即得日燈光明三昧。若有衆生口無辯才，聞佛說法即得種種功德應辯。若有衆生觀色和合無有堅固猶如水沫，聞佛說法即得那羅延三昧。若有衆生心亂不定，聞佛說法即得堅牢決定三昧。若有衆生欲觀佛頂，聞佛說法即得須彌幢三昧。若有衆生放捨本願，聞佛說法即得堅牢三昧。若有衆生退失諸通，聞佛說法即得金剛三昧。若有衆生於菩提場而生疑惑，聞佛說法即得了達金剛道場。若有衆生一切法中無厭離心，聞佛說法即得金剛三昧。

「『若有衆生不知他心，聞佛說法即知他心。若有衆生於諸根中不知利鈍，聞佛說法即知利鈍。若有衆生各各種類不相解語，聞佛說法即得解了音聲三昧。若有衆生未得法身，聞佛說法即得解了分別諸身。若有衆生不見佛身，聞佛說法即得不眴三昧。若有衆生分別諸緣，聞佛說法即得無諍三昧。若有衆生於轉法輪心生疑惑，聞佛說法於轉法輪得心清淨。若有衆生起無因邪行，聞佛說法即得法明隨順因緣。若有衆生於一佛世界起於常見，聞佛說法即得善別無量佛土。若有衆生未種諸相善根，聞佛說法即得種種莊嚴三昧。若有衆生不能善別一切言語，聞佛說法即得解了分別種種言音三昧。若有衆生專心求於一切智慧，聞佛說法即得無所分別法界三昧。若有衆生退轉於法，聞佛說法即得堅固三昧。若有衆生不知法界，聞佛說法即得大智慧。若有衆生離本誓願，聞佛說法即得不失三昧。

「『若有衆生分別諸道，聞佛說法即得一道無所分別。若有衆生推求智慧欲同虛空，聞佛說法即得無所有三昧。若有衆生未得具足諸波羅蜜，聞佛說法即得住於淨波羅蜜。有眾生未得具足四攝之法，聞佛說法即得妙善攝取三昧。若有眾生分別四無量心，聞佛說法即得平等勤心精進。若有眾生未得具足三十七助菩提法，聞佛說法即得住不出世三昧。若有眾生其心失念及善智慧，聞佛說法即得大海智印三昧；若有眾生其心疑惑未生法忍，聞佛說法即得諸法決定三昧，以一法相故。若有眾生忘所聞法，聞佛說法即得不失念三昧。若有眾生各各說法不相憙樂，聞佛說法即得清淨慧眼無有疑網。若有眾生於三寶中不生信心，聞佛說法即得功德增長三昧。若有眾生渴乏法雨，聞佛說法即得法雨三昧。若有眾生於三寶中起斷滅見，聞佛說法即得諸寶莊嚴三昧。

「『若有眾生不作智業不勤精進，聞佛說法即得金剛智慧三昧。若有眾生為諸煩惱之所繫縛，聞佛說法即得虛空印三昧。若有眾生計我、我所，聞佛說法即得智印三昧。若有眾生不知如來具足功德，聞佛說法即得世間解脫三昧。若有眾生於過去世未供養佛，聞佛說法即得種種神足變化。若有眾生一法界門於未來世無量劫中未得說之，聞佛說法即得解說一切諸法同一法界。若有眾生於諸一切修多羅中未得選擇，聞佛說法即得諸法平等實相三昧。若有衆生離六和法，聞佛說法即得解了諸法三昧。若有衆生於不可思議解脫法門不勤精進，聞佛說法於諸通中即得師子遊戲三昧。若有衆生欲分別入於如來藏，聞佛說法更不從他聞，即得分別入如來藏。

「『若有衆生於菩薩道不勤精進，聞佛說法即得智慧勤行精進。若有衆生未曾得見本生經，聞佛說法即得一切在在處處三昧。若有衆生行道未竟，聞佛說法即得受記三昧。若有衆生未得具足如來十力，聞佛說法即得無壞三昧。若有衆生未得具足四無所畏，聞佛說法即得無盡意三昧。若有衆生未得具足佛不共法，聞佛說法即得不共法三昧。若有衆生未得具足無愚癡見，聞佛說法即得願句三昧。若有衆生未覺一切佛法之門，聞佛說法即得鮮白無垢淨印三昧。若有衆生未得具足一切智者，聞佛說法即得善了三昧。若有衆生未得成就一切佛事，聞佛說法即得無量不盡意三昧。

「『如是等衆生，於佛法中各得信解。有諸菩薩，其心質直無有諂曲，聞佛說法即得八萬四千諸法門、八萬四千諸三昧門、七萬五千陀羅尼門。有無量無邊阿僧祇菩薩摩訶薩修集大乘者，聞是說法亦得如是無量功德，安止住於不退轉地。是故諸菩薩摩訶薩，欲得種種莊嚴堅牢故，發不可思議願，增益不可思議知見以自莊嚴。以三十二相莊嚴故，得八十隨形好。以妙音莊嚴故，隨諸衆生所憙說法，令聞法者滿足知見。以心莊嚴故，得諸三昧不生退轉。以念莊嚴故，不失一切諸陀羅尼。以心莊嚴故，得分別諸法。以念莊嚴故，得解微塵等義。以善心莊嚴故，得堅固誓願牢堅精進，如其所願到於彼岸。以專心莊嚴故，次第過住。以布施莊嚴故，於諸所須悉能放捨。以持戒莊嚴故，令心善白清淨無垢。以忍辱莊嚴故，於諸衆生心無障閡。以精進莊嚴故，一切佐助悉得成就。以禪定莊嚴故，於一切三昧中得師子遊戲。以智慧莊嚴故，知諸煩惱習。以慈莊嚴故，專心念於一切衆生。以悲莊嚴故，悉能拔出衆生之苦。以喜莊嚴故，於一切法心無疑惑。以捨莊嚴故，得離憍慢心，心無高下。以諸通莊嚴故，於一切法得師子遊戲。以功德莊嚴故，得不可盡藏寶手。以智莊嚴故，知諸衆生所有諸心。以意莊嚴故，

當為其各各異性，廣說八萬四千法聚。世尊！若有眾生學無上大乘，我當為其具足廣說六波羅蜜，所謂檀波羅蜜乃至般若波羅蜜。

「『若有眾生學聲聞乘未種善根，願求諸佛以為其師，我當安止於三歸依，然後勸令住六波羅蜜。若有眾生憙為殺害，我當安止於不殺中。若有眾生專行惡貪，我當安住於不盜中。若有眾生非法邪婬，我當安止不邪婬中。若有眾生各各故作誹謗妄語，我當安止不妄語中。若有眾生樂為狂癡，我當安止不飲酒中。若有眾生犯此五事，我當令受優婆塞五戒。若有眾生於諸善法不生憙樂，我當令其一日一夜受持八戒。若有眾生少於善根，於善根中心生愛樂，我當令其於未來世，在佛法中出家學道，安止令住梵淨十戒。若有眾生悕心求於諸善根法，我當安止善根法中，令得成就梵行具足大戒。

「『如是等眾生，作五逆罪乃至慳悋，為是眾生以種種門示現神足，說諸句義開示陰界諸入苦、空、無常、無我，令住善妙安隱寂滅無畏涅槃。為如是四眾比丘、比丘尼、優婆塞、優婆夷說法，若有眾生求聞論議，我當說正法論。乃至有求解脫之者，我當為說空無之論。若有眾生其心不樂於正善法，我當為說營作眾事。若有眾生於正善法其心愛樂，我當為說空三昧定示正解脫。世尊！我為如是一一眾生，要當過於百千由旬不以神足，而以開示無量無邊種種方便，為解句義示現神足乃至涅槃心不生厭。

「『世尊！我以三昧力故，捨第五分所得壽命而般涅槃，我於是時自分其身如半葶藶子，為憐愍眾生故求般涅槃，般涅槃後所有正法住世千歲，像法住世滿五百歲。我涅槃後，若有眾生以珍寶、伎樂供養舍利，乃至禮拜右繞一匝，合掌稱歎，一莖華散，以是因緣，隨其志願於三乘中各不退轉。

「『世尊！我般涅槃後，若有眾生於我法中，乃至一戒如我所說能堅持之，乃至讀誦一四句偈為他人說，令彼聽者心生歡喜，供養法師乃至一華一禮，以是因緣，隨其志願於三乘中各不退轉。乃至法炬滅法幢倒正法滅已，我之舍利尋沒於地至金剛際，爾時娑婆世界空無珍寶，我之舍利變為意相琉璃寶珠，其明焰盛從金剛際出於世間，上至阿迦尼吒天，雨種種華曼陀羅華、摩訶曼陀羅華、波利質多華、曼殊沙華、摩訶曼殊沙華，有淨光明大如車輪，百葉千葉或百千葉或百千華其光遍照。

「『復有好香微妙常敷，觀者無厭，其明焰盛不可稱計，微妙之香無量無邊。純雨如是無量諸華，當其雨時，復出種種微妙音聲，佛聲、法聲、比丘僧聲、三歸依聲、優婆塞戒聲、成就八戒聲、出家十戒聲、布施聲、持戒聲、清淨梵行具大戒聲、佐助眾事聲、讀經聲、禪思惟聲、觀不淨聲、念出入息聲、非想非非想聲、有想無想聲、識處聲、空處聲、八勝處聲、十一切入聲、定慧聲、空聲、無相聲、無作聲、十二因緣聲、具足聲聞藏聲、學緣覺聲、具足大乘六波羅蜜聲，於其華中出如是等聲，色界諸天皆悉聞之，本昔所作諸善根本，各自憶念所有不善尋自悔責，即便來下娑婆世界，教化世間無量眾生，悉令得住於十善中。欲界諸天亦得聞受，所有愛結、貪喜五欲、諸心數法悉得寂靜，本昔所作諸善根本，各自憶念所有不善尋自悔責，即便來下娑婆世界，教化世間無量眾生，悉令得住於十善中。

「『世尊！如是諸華於虛空中，復當化作種種珍寶，金銀、摩尼、真珠、琉璃、珂貝、璧玉、真寶、偽寶、馬瑙、珊瑚、天冠、寶飾，如雨而下，一切遍滿娑婆世界。爾時人民其心和悅，無諸鬪諍、飢餓、疾病，他方怨賊、惡口、諸毒，一切消滅皆得寂靜。爾時世界有如是樂，若有衆生見諸珍寶若觸、若用，於三乘中無有退轉。是諸珍寶作是利益，作利益已還沒於地，至本住處金剛際上。

「『世尊！娑婆世界兵劫起時，我身舍利復當化作紺琉璃珠從地而出，上至阿迦尼吒天，雨種種華，曼陀羅華、摩訶曼陀羅華、波利質多華，乃至還沒於地，至本住處金剛際，亦復如是。世尊！如刀兵劫飢餓、疾疫，亦復如是。世尊！如是大賢劫中我般涅槃後，是諸舍利作如是佛事，調伏無量無邊衆生，於三乘中得不退轉。如是當於五佛世界微塵數等大劫之中，調伏無量無邊衆生，令於三乘得不退轉。

「『世尊！若後滿千恒沙等阿僧祇劫，於十方無量無邊阿僧祇餘世界，成佛出世者，悉是我修阿耨多羅三藐三菩提時，所教化初發阿耨多羅三藐三菩提心，安止令住六波羅蜜者。世尊！我成阿耨多羅三藐三菩提已，所可勸化令發阿耨多羅三藐三菩提心，安止令住六波羅蜜，及涅槃後舍利變化，所化眾生令發阿耨多羅三藐三菩提心者，是諸眾生過千恒河沙等阿僧祇劫，於十方無量無邊阿僧祇世界成佛出世，皆當稱我名字而說讚歎：「過去久遠有劫名賢，初入劫時，第四世尊名曰某甲，彼佛世尊勸化我等，初發阿耨多羅三藐三菩提心。我等爾時燒滅善心集不善根，作五逆罪乃至邪見，彼佛爾時勸化我等，令得安住六波羅蜜，因是即得解了一切陀羅尼門，轉正法輪離生死縛，令無量無邊百千眾生安住勝果，復令無量百千眾生安止天、人乃至解脫果。」

「『若有眾生求菩提道，聞讚歎我已，各問於佛：「彼佛世尊見何義利，於重五濁惡世之中，成阿耨多羅三藐三菩提？」是諸世尊即便向是求菩提道善男子、善女人，說我往昔所成大悲，初發阿耨多羅三藐三菩提心，莊嚴世界及妙善願本起因緣。是人聞已，其心驚愕歎未曾有，尋發妙願，於諸眾生生大悲心如我無異，作是願言：「其有如是重五濁世，其中眾生作五逆罪，乃至成就諸不善根，我當於中而調伏之。」

「『彼諸世尊以是諸人成就大悲，於五濁世發諸善願，隨其所求而與授記。世尊！彼佛世尊復為修學大乘諸人，說我舍利所作變化本起因緣：「過去久遠有佛世尊號字某甲，般涅槃後，刀兵、疾病、飢餓劫起，我等爾時於其劫中受諸苦惱，是佛舍利為我等故，作種種神足師子遊戲，是故我等即得發阿耨多羅三藐三菩提心，種諸善根，精勤修集於六波羅蜜如上廣說。」』」

佛告寂意菩薩：「善男子！爾時寶海梵志在寶藏佛所，諸天大眾人非人前，尋得成就大悲之心廣大無量，作五百誓願已，復白佛言：『世尊！若我所願不成不得己利者，我則不於未來賢劫重五濁惡，互共鬪諍，末世盲癡，無所師諮無有教誡，墮於諸見大黑闇中作五逆惡，如上說中成就所願作於佛事，我今則捨菩提之心，亦不願於他方佛土殖諸善根。世尊！我今如是專心，不以是善根成阿耨多羅三藐三菩提，亦不願求辟支佛乘，亦復不願作聲聞乘、天王、人王，貪樂五欲生天、人中，不求乾闥婆、阿修羅、迦樓羅、緊那羅、摩睺羅伽、夜叉、羅剎、諸龍王等，以是善根不求如是諸處。

「『世尊！若得大富以施為因，若得生天以戒為因，若得大智以廣學為因，若斷煩惱以思惟為因，如佛言曰：如是等事皆是己利功德之人，則能隨其所求皆悉得之。世尊！若我善根成就得己利者，我之所有布施、持戒、多聞、思惟悉當成就，以是果報皆為地獄一切衆生，若有衆生墮阿鼻地獄，以是善根當拔濟之令生人中，聞佛說法即得開解，成阿羅漢速入涅槃。是諸衆生若業報未盡，我當捨壽入阿鼻獄代受苦惱，願令我身數如一佛世界微塵，一一身如須彌山等，是一一身覺諸苦樂，如我今身所覺苦樂，一一身受如一佛世界微塵數等，種種重惡苦惱之報，如今一佛世界微塵等。

「『十方諸佛世界所有衆生，作五逆惡起不善業，乃至當墮阿鼻地獄，若後過如一佛世界微塵等大劫，十方諸佛世界微塵數等所有衆生，作五逆惡起不善業，當墮阿鼻地獄者，我當為是一切衆生，於阿鼻地獄代受諸苦令不墮地獄，值遇諸佛諮受妙法，出於生死入涅槃城。我今要當代是衆生，久久常處阿鼻地獄，復次如一佛世界微塵數等十方世界，所有眾生惡業成就，當必受果墮火炙地獄，如阿鼻地獄所說。炙地獄、摩訶盧獦地獄、逼迫地獄、黑繩地獄、想地獄，及種種畜生、餓鬼、貧窮、夜叉、拘槃荼、毘舍遮、阿修羅、迦樓羅等，皆亦如是。

「『世尊！若有如一佛世界微塵數等十方世界，所有眾生成就惡業，必當受報生於人中，聾盲、瘖瘂、無手、無腳，心亂、失念、食噉不淨，我亦當代如是眾生，受於諸罪如上所說。復次，若有眾生墮阿鼻地獄受諸苦惱，我當久久代是眾生受諸苦惱，如生死眾生所受陰、界、諸入，畜生、餓鬼、貧窮、夜叉、拘辦荼、毘舍遮、阿修羅、迦樓羅等，皆亦如是。世尊！若我所願成就逮得己利，成阿耨多羅三藐三菩提，如上所願者，十方無量無邊阿僧祇世界，在在處處現在諸佛，為眾生說法，悉當為我作證，亦是諸佛之所知見。

「『世尊！惟願今者與我阿耨多羅三藐三菩提記，於賢劫中人壽百二十歲時成佛出世，如來、應供、正遍知乃至天人師、佛、世尊。世尊！若我必能成就如是佛事如我願者，令此大眾及諸天、龍、阿修羅等若處地虛空，唯除如來，其餘一切皆當涕泣，悉於我前頭面作禮讚言：「善哉！善哉！大悲成就無能及也。得念甚深為諸眾生生是深悲，發堅固誓願，汝今所作不由他教，以專心大悲覆護一切，攝取五逆諸不善人。汝之善願我今悉知，汝初發阿耨多羅三藐三菩提心時，已為眾生作大良藥，為作歸依擁護舍宅，為令眾生得解脫故作是誓願。汝今所願得己利者，如來為汝授阿耨多羅三藐三菩提記。」』

「說是語已，時轉輪聖王無量清淨，尋從座起悲泣淚出，叉手合掌向是梵志頭面敬禮，而說偈言：

汝今所願，堅固甚深，放捨己樂，為諸眾生。
起大悲心，為我等現，諸法真實，妙勝之相。

「爾時觀世音菩薩說偈讚言：

眾生多所著，汝今無所著，於上下諸根，久已得自在。
故能隨眾生，根願具足與，未來世當得，陀羅尼智藏。

「爾時得大勢菩薩說偈讚言：

無量億衆生，　為善故集聚，　見知汝大悲，　一切皆啼泣，
所作諸苦行，　昔來未曾有。
「爾時文殊師利菩薩復說偈讚言：
精進三昧，　甚堅牢固，　妙勝智慧，　善能分別。
若以華香，　供養汝者，　汝於今日，　則能堪受。
「爾時虛空印菩薩復說偈讚言：
汝為衆生，　成就大悲，　捨財布施，　於濁惡世。
嚴持諸相，　微妙第一，　為諸天人，　作調御師。
「爾時金剛智慧光明菩薩復說偈讚言：
汝今大悲心，　廣大如虛空，　欲為衆生親，　故現行菩提。
「爾時虛空日菩薩復說偈讚言：
汝所成就，　大悲功德，　勝妙智慧，　善別法相，
除佛世尊，　餘無能及。

「爾時師子香菩薩復說偈讚言：

汝未來世，於賢劫中，多煩惱處，得大名稱。
復令無量，諸衆生等，斷除苦惱，得妙解脫。

「爾時普賢菩薩復說偈讚言：

一切衆生，勤心修集，生死飢餓，涉邪見山。
互相食噉，無有善心，汝以大悲，故能攝取。

「爾時阿閦菩薩復說偈讚言：

燒滅善心，專作逆惡，墮大無明，黑闇之中。
無由得出，煩惱淤泥，汝已攝取，如是衆生。

「爾時香手菩薩復說偈讚言：

汝今審見，未來之世，多諸恐怖，如觀鏡像。
其中衆生，毀壞正法，皆悉燒滅，一切善心。

「爾時寶相菩薩復說偈讚言：

汝今純以，　智慧持戒，　三昧慈悲，　莊嚴其心。
故能攝取，　燒滅善法，　誹謗聖人，　如是衆生。
「爾時離恐怖莊嚴菩薩復說偈讚言：
汝今所修，　無量苦行，　皆為攝取，　當來衆生，
燒滅善心，　依邪見者。
「爾時華手菩薩復說偈讚言：
汝今大悲，　智慧精進，　於此大衆，　無能及者。
是故攝取，　邪見諸心，　為老病死，　之所逼者。
「爾時智稱菩薩復說偈讚言：
無量衆生，　多諸病苦，　常為煩惱，　惡風所吹。
汝今能以，　大智慧水，　消滅諸魔，　破其力勢。
「爾時地印菩薩復說偈讚言：
汝今已得，　堅固精進，　能盡煩惱，　而得解脫。

我等志薄，　不能及是。

「爾時月華菩薩復說偈讚言：

堅固修習，　精進用意，　依止功德，　生憐愍心。

是故來世，　能為衆生，　斷於三世，　三有結縛。

「爾時無垢月菩薩復說偈讚言：

菩薩所行道，　大悲為最上，　所說非相立，　是故我稽首。

「爾時持力菩薩復說偈讚言：

五濁惡世，　多煩惱病，　汝依菩提，　發堅固願，

為諸衆生，　斷煩惱根。

「爾時火鬘菩薩復說偈讚言：

汝之智慧，　猶如寶藏，　所發誓願，　清淨無垢。

所可修行，　無上菩提，　但為衆生，　作大醫王。

「爾時現力菩薩悲泣涕淚，在梵志前頭面作禮，合掌叉手說偈讚言：

汝今以此，　大智慧炬，　為諸眾生，　斷煩惱病。
亦為貧窮，　窮乏眾生，　斷除一切，　無量諸苦。

「善男子！爾時一切大眾天、龍、鬼、神、乾闥婆、人及非人，在梵志前頭面作禮，禮已起立合掌恭敬，以種種讚法而讚歎之。」

佛告寂意菩薩：「善男子！爾時寶海梵志於如來前右膝著地，是時大地六種震動，一切十方如一佛世界微塵數等諸佛世界亦六種震動，有大光明遍照世間，雨種種華，曼陀羅華、摩訶曼陀羅華、波利質多華、曼殊沙華、摩訶曼殊沙華，乃至有無量光明，遍照十方如一佛世界微塵等若淨不淨諸世界中。在在處處現在諸佛，為諸眾生說於正法，是諸佛所各有菩薩坐而聽法。是諸菩薩見此大地六種震動，放大光明，雨種種華，見是事已前白佛言：『世尊！何因緣故，而此大地六種震動，有大光明，雨種種華？』

「爾時東方去此一恒河沙等，有佛世界名選擇珍寶，是中有佛號寶月如來、應、正遍知、明行足、善逝、世間解、無上士、調御丈夫、天人師、佛、世尊，今現在與無量無邊阿僧祇等諸大菩薩恭敬圍繞，說大乘法。有二菩薩，一名寶相，二名月相，向寶月佛合掌恭敬而白佛言：『世尊！何因緣故，六種震動，有大光明，雨種種華？』

「爾時彼佛告二菩薩：『善男子！西方去此如一恒河沙等，彼有世界名刪提嵐，有佛世尊號曰寶藏如來乃至佛世尊，今現在與無量無邊諸菩薩等，授阿耨多羅三藐三菩提記，說諸國土，開示諸佛所有世界莊嚴善願三昧境界陀羅尼門如是等經。彼大會中有一大悲菩薩摩訶薩，作如是願：「我今當以大悲熏心，授阿耨多羅三藐三菩提記，為諸菩薩摩訶薩故示現善願，是以先令無量無邊諸菩薩等發大誓願，取於種種莊嚴世界調伏眾生。」是菩薩所成大悲，於諸大眾無能及者，於五濁世調伏弊惡多煩惱者，攝取一切五逆之人，乃至集聚諸不善根燒滅善心。彼諸大眾天、龍、鬼、神、人及非人不供養佛，悉共供養最後成就大悲菩薩，頭面禮已，起立恭敬合掌說偈讚歎。

「『是時大悲菩薩在於佛前，右膝著地聽佛授記。彼佛世尊即便微笑，以是因緣，令此十方如一佛剎微塵數等諸世界地六種震動，放大光明，雨種種華，惺悟一切諸菩薩等，亦復示現諸菩薩道。彼佛世尊，悉令十方如一佛剎微塵數等諸菩薩皆共集會，為如是等諸大菩薩說諸三昧陀羅尼門、無畏法門，是故彼佛示現如是種種變化。』

「善男子！時二菩薩聞是事已，即白佛言：『世尊！是大悲菩薩發心已來，為經幾時？行菩薩道復齊幾時？何時當於五濁惡世，調伏攝取厚重煩惱、互共鬪諍、多作五逆，成就一切諸不善根、燒滅善心如是衆生？』

「爾時彼佛告二菩薩：『善男子！是大悲菩薩，今日初發阿耨多羅三藐三菩提心。善男子！汝今可往見寶藏佛，恭敬供養禮拜圍繞，聽說三昧陀羅尼門、無畏法門如是等經，并見大悲菩薩摩訶薩，汝以我聲作如是言：「寶月如來致意問訊，以此月光淨華作信與汝。又讚汝言：善哉！善哉！善男子！汝初發心已能成就如是大悲，汝今已有無量名稱，遍滿十方如一佛剎微塵數等諸佛世界，皆言大悲菩薩，汝初發心已能成就如是大悲。是故，善男子！我今讚汝：善哉！善哉！

復次，善男子！汝為當來諸菩薩等成就大悲故，說是大悲不斷善願豎立法幢。是故復讚：善哉！善哉！復次，善男子！汝之名稱未來世住，當如一佛剎微塵數等阿僧祇劫，教百千億無量無邊阿僧祇眾生，安止令住阿耨多羅三藐三菩提，至於佛所得不退轉，或發善願或取淨土，攝取眾生隨而調伏，復令未來得受阿耨多羅三藐三菩提記。如是眾生於未來世，過如一佛剎微塵數劫，當於十方如一佛剎微塵數劫，當於十方如一佛剎微塵數等諸佛世界，得成阿耨多羅三藐三菩提轉正法輪。復當讚歎大悲菩薩，是故以此三讚歎法讚歎於汝：善哉！善哉！」』

「善男子！爾時彼土有九十二億諸菩薩摩訶薩，異口同聲作如是言：『世尊！我等欲往刪提嵐界見寶藏佛，禮拜供養恭敬圍遶，聽諸三昧陀羅尼門、無畏法門如是等經，并欲見於大悲菩薩。』

「爾時彼佛以此三讚歎法及月光淨華與二菩薩，而告之曰：『宜知是時。』爾時寶相菩薩、月相菩薩於彼佛所取月光淨華，并與九十二億菩薩摩訶薩，發彼世界如電光發，沒彼即到刪提嵐剎閻浮園中寶藏佛所。到佛所已頭面禮足，以諸菩薩所得種種師子遊戲供養佛已，見寶海梵志為此大衆所共恭敬合掌讚歎。見是事已即便思惟：『今此大士，或當即是大悲菩薩，是故能令寶月如來送此寶華。』是二菩薩，尋於佛前旋向梵志，即以華與作如是言：『寶月如來以此妙華與汝為信。』并三讚法如上所說。如是東方無量無邊阿僧祇諸佛世界，亦遣無量菩薩摩訶薩至删提嵐界，皆以月光淨華、三讚歎法餘如上說。

「善男子！爾時南方去此七萬七千百千億佛世界，有佛世界名寶樓師子吼，有佛號師子相尊王如來、應、正遍知、明行足、善逝、世間解、無上士、調御丈夫、天人師、佛、世尊，今現在為諸菩薩說大乘法。有二菩薩摩訶薩：一名金剛智相，二名師子金剛相。是二菩薩白佛言：『世尊！何因緣故，地六種動，有大光明，雨種種華？』皆如東方諸菩薩比。復次，南方無量無邊諸佛，遣無量菩薩至删提嵐界亦如是。

「爾時西方去此八萬九千百千億世界，有世界名安樂，有佛號攝諸根淨目如來，今現在為四部衆說三乘法。有二菩薩：一名賢日光明，二名師子吼身。是二菩薩白佛言：『世尊！何因緣故，地六種動，有大光明，雨種種華？』餘如上說。如是西方無量世界，亦復如是。

「爾時北方過九萬百千億世界，彼有世界名勝真寶，有佛號世間尊王如來，今現在為諸菩薩說大乘法。有二菩薩：一名不動住，二名得智慧世間尊王。是二菩薩白佛言：『世尊！何因緣故，地六種動？』餘如上說。北方無量世界亦如是。

「爾時下方過九萬八千百千億那由他世界，有世界名離闇霧，有佛號離恐怖圍遶音，今現在為四部眾說三乘法。有二菩薩：一名日尊，二名虛空日。是二菩薩白佛言：『世尊！何因緣故，地六種動？』餘如上說。下方世界亦復如是。」

悲華經卷第七

悲華經卷第八

北涼天竺三藏曇無讖譯

諸菩薩本授記品第四之六

「爾時上方過二十萬百千世界，有世界名妙華，是中有佛號華敷日王如來，今現在為四部衆說三乘法。有二菩薩：一名選擇自法攝取國土，二名陀羅尼妙音。是二菩薩俱白佛言：『世尊！何因緣故，而此大地六種震動，有大光明，雨種種華？』

「爾時彼佛告二菩薩：『善男子！下方過二十萬百千世界，有世界名刪提嵐，有佛世尊號曰寶藏如來乃至佛世尊，今現在與無量無邊諸菩薩等，授阿耨多羅三藐三菩提記，說諸國土，開示諸佛所有世界莊嚴善願三昧境界陀羅尼門如是等經。彼大會中有一大悲菩薩摩訶薩作如是願：「我今當以大悲熏心，授阿耨多羅三藐三菩提記，為諸菩薩摩訶薩故示現善願，是以先令無量無邊諸菩薩等發大誓願，取於種種莊嚴世界調伏眾生。」是菩薩所成大悲，於諸大眾無能及者，於五濁世調伏弊惡多煩惱者，攝取一切五逆之人，乃至集聚諸不善根燒滅善心。彼諸大眾天、龍、鬼、神、人及非人不供養佛，悉共供養最後成就大悲菩薩，頭面作禮，禮已起立，恭敬合掌說偈讚歎。是大悲菩薩在於佛前，右膝著地聽佛授記，彼佛世尊即便微笑，以是因緣，令此十方如一佛剎微塵等世界地六種動，放大光明，雨種種華，惺悟一切諸菩薩等，亦復示現諸菩薩道。彼佛世尊悉令十方如一佛剎微塵數等諸菩薩眾皆共集會，為如是等諸大菩薩，說諸三昧陀羅尼門、無畏法門，是故彼佛示現如是種種變化。』

「善男子！時二菩薩聞是事已即白佛言：『世尊！是大悲菩薩發心已來，為經幾時行菩薩道？復齊幾時？何時當於五濁惡世，調伏攝取厚重煩惱、互共鬪諍、多作五逆，成就一切諸不善根、燒滅善心，如是衆生？』

「爾時彼佛告二菩薩：『善男子！是大悲菩薩今日初發阿耨多羅三藐三菩提心。善男子！汝今可往見寶藏佛，供養恭敬禮拜圍繞，聽說三昧陀羅尼門、無畏法門如是等經，并見大悲菩薩摩訶薩。汝以我聲作如是言：「華敷日王佛致意問訊，以此月光淨華作信與汝。又讚汝言：善哉！善哉！善男子！汝初發心已能成就如是大悲，汝今已有無量名稱，遍滿十方如一佛剎微塵數等諸佛世界皆言：大悲菩薩始初發心已能成就如是大悲。是故，善男子！我今讚汝：善哉！善哉！復次，善男子！汝為當來諸菩薩等成就大悲故，說是大悲不斷善願豎立法幢，是故復讚言：善哉！善哉！復次，善男子！汝之名稱未來世住，當如一佛剎微塵數等阿僧祇劫，教百千億無量無邊阿僧祇衆生，安止令住阿耨多羅三藐三菩提，至於佛所得不退轉，或發善願或取淨土，攝取衆生隨願而調伏，復令未來得受阿耨多羅三藐三菩提記。如是衆生於未來世，過如一佛剎微塵數等劫，當於十方如一佛剎微塵數等諸世界中，得成阿耨多羅三藐三菩提，轉正法輪。復當讚汝，是故以此三讚歎法讚歎於汝：善哉！善哉！」』

「善男子！爾時彼土有無量億菩薩，異口同聲作如是言：『世尊！我等欲往删提嵐界見寶藏佛，禮拜供養恭敬圍繞，聽諸三昧陀羅尼門、無畏法門，并欲見於大悲菩薩。』

「爾時彼佛以此三讚歎法及月光淨華，與二菩薩而告之曰：『宜知是時。』時二菩薩於彼佛所取此寶華，并與無量億菩薩衆，如一念頃沒彼世界，忽然來到删提嵐界閻浮園中，見寶藏佛頭面作禮。

「爾時世界諸大菩薩，修習大乘及發緣覺、聲聞乘者，天、龍、鬼、神、摩睺羅伽，如是等類其數無量不可稱計，譬如甘蔗、竹葦、稻麻、叢林遍滿其國，以諸菩薩所得種種師子遊戲供養於佛。供養佛已，見寶海梵志為此大衆所共恭敬合掌讚歎。見是事已即便思惟：『今此大士或當即是大悲菩薩，是故能令華敷日王如來送此寶華。』是二菩薩復於佛前旋向梵志，即以華與作如是言：『華敷日王如來以此妙華與汝為信。』并三讚法如上所說。

「善男子！爾時所雨種種諸華亦到無佛世界，復出種種妙善音聲，其聲遍滿，所謂佛聲、法聲、比丘僧聲、滅盡聲、無所有聲、諸波羅蜜聲、力無所畏聲、六神通聲、無所作聲、無生滅聲、寂靜聲、大慈聲、大悲聲、無生忍聲、授記聲、說大乘聲。彼有菩薩以本願故有大神力，修習深法而得自在，為眾生故住彼世界。聞是聲已，以佛力故以願力故，以三昧力於彼世界乘神通力，如大力士屈申臂頃至刪提嵐界閻浮園中寶藏佛所，頭面禮足，以諸菩薩所得種種師子遊戲，供養於佛及諸大眾，次第而坐聽受妙法。

「善男子！爾時寶海梵志取此月光淨華供養寶藏如來已，白佛言：『世尊！惟願如來與我授阿耨多羅三藐三菩提記。』

「善男子！爾時寶藏如來即入三昧，其三昧名電燈，以三昧力故令刪提嵐界一切山樹、草木、土地變為七寶，令諸大眾悉得自見，皆於佛前聽受妙法。隨所思惟，或自見身青色、黃色、白色、紫色、赤色、黑色，或見似風，或見似火，或見似空，或見似熱時之炎，或見似水，或似水沫，或似大山，或似梵天，或似帝釋，或見似華，或似迦樓羅，或見似龍，或似師子，或似日月，或似星宿，或見似象，或似野狐，在佛前坐聽受妙法，隨時思惟各自見身如是相貌。善男子！如是衆生隨所思惟，復見自身同寶藏佛身等無差別。是諸大衆在於佛前，尋見梵志坐於千葉七寶蓮華，一切大衆處地虛空，若坐若立，一一衆生各各自見寶藏如來獨坐其前，獨為說法惟我獨見。

「善男子！爾時寶藏如來讚寶海梵志言：『善哉！善哉！大悲淨行，汝為無量無邊衆生，起此大悲能大利益，於世間中作大光明。梵志！譬如成就華田，有種種色、種種香、種種觸、種種葉、種種莖、種種根、種種功德，諸藥所須皆悉成就。或有蓮華滿百千由旬，光明妙香亦與華等。或有縱廣一百，或有縱廣二百，或有縱廣三百由旬，光明妙香亦與華等。有華乃至如一天下，光明妙香亦等無差別。衆生之類或有盲者，聞此華香即得見色。聾者聞聲，乃至一切諸根不具即得具足。若有衆生四百四病，或動發時聞此華香病即除愈。若有顛狂放逸、狂癡睡眠、心亂失念，聞此華香皆得一心。

「『是華田中亦生分陀利華，其華堅牢猶如金剛，琉璃為莖，臺有百子，純金為葉，馬瑙為*茸，赤真珠為鬚。華高八十四億由旬，周匝縱廣十萬由旬。是華所有色、香、觸等遍滿十方如一佛剎微塵數等諸佛世界。其中眾生，或有四大不調適者，疾病困篤、諸根羸損、顛狂放逸、狂癡睡眠、心亂失念，見華光明及聞其香，一切所患各各除愈皆得一心。若彼眾生適命終已及身未壞，光明來觸，香氣來熏，尋得命根還起如本，與諸親屬共遊園觀，以所五欲共相娛樂，若必命終，不生餘處生於梵天，在彼久住壽命無量。梵志！是蓮華田者，即是此會之大眾也。

「『譬如日出眾華開敷，如佛日出增益長養妙香光明，為諸眾生斷除諸苦。善男子！我今如日出現於世，令諸眾生善根華敷，有微妙香光明遍照，能除眾生種種諸病，即是如來出現於世，以大悲光明遍覆一切，令諸眾生善根開敷，增益安住於三福處也。汝善男子所化無量無邊阿僧祇眾生，令住阿耨多羅三藐三菩提，至我所者，是諸眾生各各自發種種善願，取佛世界或淨不淨，我已隨其所願授記。

「『善男子！若有菩薩在於我前願取淨土，以清淨心善自調伏，種諸善根攝取眾生者，雖謂菩薩，猶非猛健大丈夫也。非是菩薩深重大悲，為眾生故，求阿耨多羅三藐三菩提。若有取於淨佛土者，即是菩薩捨離大悲。又復不願雜二乘者，如是菩薩無巧便慧善平等心。若有菩薩作是誓願：「令我世界遠離聲聞、辟支佛乘，滅不善根，無諸女人及三惡道。成阿耨多羅三藐三菩提已，純以菩薩摩訶薩等為大眷屬，純說無上大乘之法，壽命無量久住於世，經無數劫，純為善心調伏白淨成善根者說微妙法。」如是之人雖謂菩薩，非大士也。何以故？以無巧便平等智故。』

「善男子！爾時寶藏如來中金色臂，其五指頭放大光明，其光明有種種無量百千諸色遍照西方。過無量無邊阿僧祇世界，有世界名曰大指，彼土人民壽三十歲，面色醜陋形貌可惡，成就一切諸不善根，身長六尺。彼中有佛，號大光明如來、應、正遍知、明行足、善逝、世間解、無上士、調御丈夫、天人師、佛、世尊，今現在為四部眾說三乘法。

「善男子！爾時大眾悉得遙見彼佛世尊及諸大眾。

「時寶藏佛告諸大眾：『彼大光明佛於過去無量無邊阿僧祇劫寶蓋光明佛所，初發阿耨多羅三藐三菩提心，爾時亦勸無量無邊億那由他眾生，安止住於無上道中，隨心所願取於種種莊嚴世界，或淨不淨取五濁惡世。是大光明佛亦勸我發心，安止住於阿耨多羅三藐三菩提。爾時我於寶蓋光明佛所，勸發莊嚴願於此五濁惡世成阿耨多羅三藐三菩提。爾時彼佛讚我：「善哉！善哉！」即便授我阿耨多羅三藐三菩提記。我於爾時有是善知識故，勸我阿耨多羅三藐三菩提。彼善知識勝妙丈夫，取此重惡五濁之世，多諸煩惱不淨國土，所有眾生行於惡逆，乃至成就諸不善根、燒滅善心，宛轉生死空曠澤中，所願調伏如是眾生。爾時是善丈夫，十方無量無邊諸佛世界所有諸佛，各各遣使至是人所稱揚讚歎，即為作號，名為大悲日月光明。

「『彼大悲日月光明即是我之善知識也。作大利益，於大指世界成佛未久，為此短命諸惡人等轉正法輪。彼佛初成阿耨多羅三藐三菩提時，十方無量無邊諸佛，各各遣使至彼佛所，為供養恭敬尊重讚歎故。是諸世尊皆是往昔大光明佛之所勸化，初令安住檀波羅蜜乃至般若波羅蜜。是諸世尊以知恩故，遣諸菩薩致是供養。

「『梵志！汝今見不？是諸世尊各各處於清淨世界壽命無量，純為善心調伏白淨成善根者作於佛事。是大光明佛處斯穢惡不淨世界五濁惡世，成阿耨多羅三藐三菩提，所有眾生多作逆罪，乃至成就諸不善根壽命短促，能於是中增益長壽，無量佛事不捨聲聞、辟支佛乘，為諸眾生說三乘法。汝是丈夫！一切大眾所不及也！所作勝妙甚難，誓願取不淨土。五濁惡世人多作逆乃至成就諸不善根，調伏攝取如是眾生。

「『善男子！若有菩薩取清淨佛世界離三惡道及聲聞、緣覺，攝取調伏善心白淨成就善根如是眾生，是名菩薩譬如餘華也。非謂大菩薩如分陀利華，以於善心調伏眾生，種諸善根作佛事故。梵志！今聽菩薩四法懈怠，何等四？一者、願取清淨世界，二者、願於善心調伏白淨眾中施作佛事，三者、願成佛已不說聲聞、辟支佛法，四者、願成佛已壽命無量。是名菩薩四法懈怠，是謂菩薩譬喻餘華，非謂菩薩如分陀利。

「『梵志！於此天眾惟除一人婆由比紐，取不淨世界調伏攝護多煩惱者，於賢劫中或有菩薩取不淨土。梵志！菩薩有四法精進，何等四？一者、願取不淨世界，二者、於不淨人中施作佛事，三者、成佛已三乘說法，四者、成佛已得中壽命不長不短。是名菩薩四法精進，是謂菩薩如分陀利非如餘華，是名菩薩摩訶薩。

「『梵志！汝今於此無量無邊阿僧祇菩薩大眾華田之中，發願授記汝於佛前已生大悲分陀利故，攝取多逆成就一切諸不善根五濁惡世，而於是中隨調伏之。汝以大悲音聲故，能令十方如一佛剎微塵等諸佛世尊遣信稱讚，稱讚已號汝為成就大悲，復令此大眾供養於汝，又汝大悲於未來世，過一恒河沙等阿僧祇劫，入第二恒河沙等阿僧祇劫後分，娑婆世界賢劫中人壽百二十歲，為老病死之所纏縛，黑闇世中無所師諮，聚集一切諸不善根，行於邪道入煩惱河，專作五逆，毀壞正法，誹謗聖人，犯四重禁，餘如上說。

「『於如是等煩惱亂世，當成為佛如來、應、正遍知、明行足、善逝、世間解、無上士、調御丈夫、天人師、佛、世尊，離生死輪轉正法輪破壞四魔。爾時有大名聲十方遍滿無量無邊諸佛世界，有聲聞大眾千二百五十，次第於四十五歲中成就如是無量佛事，如汝所願具足無缺。是無量淨王成佛時壽命無量，雖於無量無邊劫中亦能成就如是佛事等無差別。汝善丈夫！般涅槃後正法住世滿一千歲，正法滅已汝諸舍利，如汝所願作於佛事，久久在世利益眾生如上所說。』

「善男子！爾時會中有一梵志名相具足，作如是言：『善大丈夫！若於來世無量無邊阿僧祇劫，為菩薩時在在生處，我當為汝常作侍使，恒以慈心奉給所須，至一生時復當作父，汝成佛已作大檀越，亦當授我無上道記。』

「時有海神名曰調意，復作是言：『善大丈夫！從今已往在在之處乃至一生，願我常當為汝作母，汝成佛已亦當授我無上道記。』

「時有水神復作是言：『從今已往所在之處乃至一生，願我常當作汝乳母，汝成佛已亦當授我無上道記。』

「有二帝釋，一名善念，二名寶念，復作是言：『善大丈夫！汝成佛已，我等當作智慧神足聲聞弟子。』

「復有帝釋名善見足，作如是言：『大悲！從今已往在在之處乃至一生，常為汝子。』

「有須彌山神名善樂華，復作是言：『大悲！汝乃至一生，常為汝婦，成佛道已亦當授無上道記。』

「復有阿修羅王名胸臆行，復作是言：『大悲！於無量無邊阿僧祇劫，為菩薩時乃至一生於其中間，我當為汝僮僕給使奉諸所安。汝成阿耨多羅三藐三菩提已，轉正法輪，我初解法，得於實果服甘露味，乃至得斷一切煩惱成阿羅漢。』

「爾時復有一恒河沙等天、龍、鬼、神、阿修羅、迦樓羅、人非人等，向大悲菩薩作是誓願：『善大丈夫！要當調伏教化我等。』

「爾時有一裸形梵志，名亂想可畏，復作是言：『善大丈夫！汝於無量無邊阿僧祇劫行菩薩道時，我當從汝求索所須，常至汝所乞求衣服、床榻、臥具、房舍、屋宅、象馬、車乘、國城、妻子、頭目、髓腦、皮肉、手腳、耳鼻、舌身。善大丈夫！我當為汝作佐助因，令汝滿足檀波羅蜜乃至般若波羅蜜。大悲梵志如是等行菩薩道時，我當勸汝令得具足六波羅蜜。汝成佛已願作弟子，當從汝聞八萬法聚，聞已即能辯說法相，說法相已汝當授我無上道記。』

「善男子！爾時梵志聞是事已即禮佛足，便告裸形梵志言：『善哉！善哉！汝真是我無上道伴，汝於無量無邊百千萬億阿僧祇劫，常至我所乞索所須，所謂衣服乃至舌身。我於爾時以清淨心，捨諸所有布施於汝，汝於是時亦無罪分。』

「善男子！爾時大悲菩薩摩訶薩復作是言：『世尊！我於無量無邊百千萬億阿僧祇劫，在在生處為菩薩時，有諸乞士在我前住，若求飲食，或以軟語，或以惡言，或輕毀呰，或真實言。世尊！我於爾時乃至不生一念惡心，若生瞋恚如彈指頃，以施因緣求將來報者，我即欺誑十方世界無量無邊阿僧祇現在諸佛，於未來世亦當必定不成阿耨多羅三藐三菩提。世尊！我今當以歡喜之心施於乞者，願令受者無諸損益，於諸善根亦無留難乃至一毫。若我令彼受者有一毫損益善根留難者，則為欺誑十方世界無量無邊阿僧祇等現在諸佛。若誑諸佛者則當必墮阿鼻地獄，不能歡喜施與衣服、飲食。若彼乞者，或以軟語，或麤惡言，或輕毀呰，或真實言，求索如是頭目、髓腦，世尊！若我是時心不歡喜，乃至生於一念瞋恚，以此施緣求果報者，則為欺誑十方世界無量無邊現在諸佛，以是因緣必定墮於阿鼻地獄，如檀波羅蜜說，乃至般若波羅蜜亦如是。」

「善男子！爾時寶藏如來即便讚歎寶海梵志：『善哉！善哉！善能安止大悲心故，作是誓願。』

「善男子！爾時一切大衆諸天、龍、鬼、神、人及非人合掌讚言：『善哉！善哉！善能安止大悲心故，作是誓願。得大名稱，堅固行於六和之法，充足利益一切衆生。』

「善男子！如裸形梵志作誓願時，復有八萬四千人亦同梵志所發誓願。善男子！爾時大悲菩薩摩訶薩復共如是八萬四千人同作誓願心生歡喜，合掌四顧遍觀大衆，作如是言：『未曾有也！未來之世正法滅時，多諸煩惱五濁惡世，我於是中放大光明作調御師，於黑闇世燃正法燈，若諸衆生無有救護，無有勢力，無佛示導，我今初發菩提心時，已得如是等無上道伴。是等諸人願令世世從我，受此頭目、髓腦、皮肉、骨血、手足、耳鼻、舌身，乃至衣服、飲食。』

「善男子！爾時寶海梵志白佛言：『世尊！若未來之世無量無邊百千萬億阿僧祇劫，如是衆生來至我所，受我所施頭目、髓腦乃至飲食如一毛分已，我成阿耨多羅三藐三菩提已，若不脫生死不得授記於三乘者，我則欺誑十方世界無量無邊現在諸佛，必定不成阿耨多羅三藐三菩提。』

「善男子！爾時寶藏如來復重讚歎大悲菩薩：『善哉！善哉！善大丈夫！汝能如是行菩薩道，譬如往昔須彌山寶菩薩在世間光明佛前，初發如是菩提之心，作是誓願，亦行如是菩薩之道。過一恒河沙等阿僧祇劫，東方去此百千億佛世界，彼有世界名光明智熾，人壽百歲，於中成佛號智華無垢堅菩提尊王如來、應、正遍知、明行足、善逝、世間解、無上士、調御丈夫、天人師、佛、世尊，住世說法四十五年作於佛事。』

「爾時佛告大悲菩薩：『彼佛般涅槃後，正法住世滿一千歲，正法滅已，像法住世亦一千歲。大悲！彼佛世尊若在世、若涅槃，正法、像法於此中間，有諸比丘及比丘尼，非法毀戒行於邪道，斷法供養無慚無愧，或斷招提僧物，斷現前僧衣服、飲食、臥具、醫藥，取衆僧物以為己有，自用與人及與在家者。善男子！如是等人，彼佛世尊皆與授記於三乘中。大悲！彼如來所若有出家著袈裟者，皆得授記不退三乘。若有比丘、比丘尼、優婆塞、優婆夷犯四重禁，彼佛於此起世尊想種諸善根，亦與授記不退三乘。』

「善男子！爾時大悲菩薩摩訶薩復作是言：『世尊！我今所願行菩薩道時，若有衆生我要勸化令安止住檀波羅蜜乃至般若波羅蜜，乃至勸化令住如一毛端善根，乃至成阿耨多羅三藐三菩提，若不安止乃至一衆生於三乘中令退轉者，則為欺誑十方世界無量無邊阿僧祇等現在諸佛，必定不成阿耨多羅三藐三菩提。世尊！我成佛已，若有衆生入我法中出家著袈裟者，或犯重戒或行邪見，若於三寶輕毀不信集諸重罪，比丘、比丘尼、優婆塞、優婆夷，若於一念中生恭敬心，尊重世尊或於法、僧。世尊！如是眾生，乃至一人不於三乘得授記莂而退轉者，則為欺誑十方世界無量無邊阿僧祇等現在諸佛，必定不成阿耨多羅三藐三菩提。

「『世尊！我成佛已諸天、龍、鬼、神、人及非人，若能於此著袈裟者，恭敬供養尊重讚歎，其人若得見此袈裟少分，即得不退於三乘中。若有眾生為饑渴所逼，若貧窮、鬼神、下賤諸人乃至餓鬼眾生，若得袈裟少分乃至四寸，其人即得飲食充足，隨其所願疾得成就。若有眾生共相違反，起怨賊想展轉鬪諍，若諸天、龍、鬼、神、乾闥婆、阿修羅、迦樓羅、緊那羅、摩睺羅伽、拘辦荼、毘舍遮、人及非人，共鬪諍時念此袈裟，尋生悲心、柔軟之心、無怨賊心、寂滅之心、調伏善心。有人若在兵甲鬪訟斷事之中，持此袈裟少分至此輩中，為自護故供養恭敬尊重，是諸人等無能侵毀觸嬈輕弄，常得勝他過此諸難。

「『世尊！若我袈裟不能成就如是五事聖功德者，則為欺誑十方世界無量無邊阿僧祇等現在諸佛，未來不應成阿耨多羅三藐三菩提作佛事也。沒失善法，必定不能破壞外道。』

「善男子！爾時寶藏如來伸金色右臂摩大悲菩薩頂，讚言：『善哉！善哉！大丈夫！汝所言者，是大珍寶，是大賢善。汝成阿耨多羅三藐三菩提已，是袈裟衣服能成就此五聖功德作大利益。』

「善男子！爾時大悲菩薩摩訶薩聞佛稱讚已，心生歡喜踊躍無量，因佛伸此金色之臂，長指合縵其手柔軟猶如天衣，摩其頭已其身即變，狀如童子二十歲人。善男子！彼會大衆，天、龍、鬼、神、乾闥婆、人及非人叉手恭敬，向大悲菩薩供養散種種華乃至技樂而供養之，復種種讚歎，讚歎已默然而住。

悲華經檀波羅蜜品第五之一

「善男子！爾時大悲菩薩頭面禮敬寶藏如來，禮佛足已在於佛前白佛言：『世尊！所言諸三昧門助菩提法清淨門經，齊幾名為諸三昧門助菩提法清淨門經？云何菩薩無畏莊嚴具足於忍？』

「善男子！爾時彼佛讚大悲菩薩言：『善哉！善哉！大悲！汝今所問甚奇甚特，即是珍寶，能大利益無量無邊諸菩薩等。何以故？大悲！汝能問佛如是大事。大悲！汝今諦聽，諦聽！若有善男子、善女人修行大乘，有首楞嚴三昧，入是三昧能入一切諸三昧中。有寶印三昧，入是三昧能印諸三昧。有師子遊戲三昧，入是三昧於諸三昧能師子遊戲。有善月三昧，入是三昧能照諸三昧。有幢相三昧，入是三昧能持諸三昧幢。有出一切法性三昧，入是三昧能出一切三昧。有觀印三昧，入是三昧能觀一切三昧頂。有離法界三昧，入是三昧能分別諸三昧。有離幢相三昧，入是三昧能持一切諸三昧幢。有金剛三昧，入是三昧能令一切三昧不可破壞。

「『有諸法印三昧，入是三昧能印一切法。有三昧王善住三昧，入是三昧於諸三昧安住如王。有放光三昧，入是三昧能放光明照諸三昧。有力進三昧，入是三昧於諸三昧增進自在。有正出三昧，入是三昧能正出諸三昧。有辯辭三昧，入是三昧悉解一切無量音聲。有語言三昧，入是三昧能入一切諸語言中。有觀方三味，入是三昧悉能遍觀諸三昧方。有一切法三昧，入是三昧能破一切法。有持印三昧，入是三昧持諸三昧印。

「『有入一切法寂靜三昧，入是三昧令一切三昧入於寂靜。有不失三昧，入是三昧不忘一切三昧。有一切法不動三昧，入是三昧令一切三昧不動。有親近一切法海印三昧，入是三昧攝取親近一切三昧。有一切無我三昧，入是三昧令諸三昧無有生滅。有遍覆虛空三昧，入是三昧遍覆一切三昧。有不斷一切法三昧，入是三昧持諸三昧令不斷絕。有金剛場三昧，入是三昧能治一切諸三昧場。有一切法一味三昧，入是三昧能持一切法一味。有離樂愛三昧，入是三昧離一切煩惱及助煩惱。

「『有一切法無生三昧，入是三昧示一切三昧無生無滅。有光明三昧，入是三昧能照一切三昧令其熾明。有不滅一切法三昧，入是三昧不求一分別一切三昧。有不求三昧，入是三昧不求一切諸法。有不住三昧，入是三昧於諸法中不住法界。有虛空憶想三昧，入是三昧令諸三昧皆是虛空見其真實。有無心三昧，入是三昧能於一切諸三昧中滅心、心數法。有色無邊三昧，入是三昧於一切三昧中色無邊光明。有淨燈三昧，入是三昧於一切三昧中能作燈明。有一切法無邊三昧，入是三昧於諸三昧悉能示現無量智慧。

「『有電無邊三昧，入是三昧於諸三昧示現智慧。有一切光明三昧，入是三昧於諸三昧示現三昧門光明。有諸界無邊三昧，入是三昧於諸三昧示現無量無邊智慧。有白淨堅固三昧，入是三昧於諸三昧得空定。有須彌山空三昧，入是三昧於諸三昧示現虛空。有無垢光明三昧，入是三昧於諸三昧除諸垢穢。有一切法中無畏三昧，入是三昧於諸三昧示現無畏。有樂樂三昧，入是三昧於諸三昧悉得樂樂。有一切法正遊戲三昧，入是三昧於諸三昧示現無有一切諸色。有放電光三昧，入是三昧於諸三昧示現放光。

「『有一切法安止無垢三昧，入是三昧於諸三昧示現無垢智慧。有無盡三昧，入是三昧於諸三昧示現非盡非不盡。有一切法不可思議清淨三昧，入是三昧於諸三昧示現如鏡中像等不可思議。有大光三昧，入是三昧於諸三昧令智慧熾然。

有離盡三昧，入是三昧於諸三昧示現不盡。有不動三昧，入是三昧於諸法中不動不受無有輕戲。有增益三昧，入是三昧於諸三昧悉見增益。有日燈三昧，入是三昧於諸三昧放光明門。有月無垢三昧，入是三昧於諸三昧作月光明。有白淨光明三昧，入是三昧於諸三昧得四種辯。

「『有作不作三昧，入是三昧於諸三昧作與不作示現智相。有金剛三昧，入是三昧悉得通達一切諸法，乃至不見如微塵等障礙。有住心三昧，入是三昧其心不動、不受苦樂、不見光明、無有瞋恚，於此心中亦復不見此是心想。有遍照三昧，入是三昧於諸三昧見一切明。有善住三昧，入是三昧於諸三昧善能得住。有寶山三昧，入是三昧見諸三昧猶如寶山。有勝法印三昧，入是三昧能印諸三昧。有順法性三昧，入是三昧見一切法悉皆隨順。有離樂三昧，入是三昧於一切法得離樂著。有法炬三昧，入是三昧除諸法闇。

「『有法雨三昧，入是三昧於諸三昧能雨法雨破壞著相。有等言語三昧，入是三昧於諸法中悉得眼目。有離語言三昧，入是三昧於諸法中乃至無有一言。有斷緣三昧，入是三昧斷諸法緣。有不作三昧，入是三昧於諸法中不見作者。有淨性三昧，入是三昧見一切法自性清淨。有無障礙三昧，入是三昧於諸法中無有障礙。有離網三昧，入是三昧見諸三昧足離於高下。有集聚一切功德三昧，入是三昧離一切法集。有正住三昧，入是三昧於諸法中不見有心及心數法。

「『有覺三昧，入是三昧即能覺悟一切諸法。有念分別三昧，入是三昧於諸法中得無量辯。有淨智覺三昧，入是三昧於一切法得等非等。有智相三昧，入是三昧能出三界。有智斷三昧，入是三昧見諸法斷。有智雨三昧，入是三昧得一切法雨。有無依三昧，入是三昧於諸法中不見依止。有大莊嚴三昧，入是三昧於諸法中不見法幢。有行三昧，入是三昧能見諸法悉寂靜行。有一切行離一切有三昧，入是三昧於諸法中通達解了。

「『有俗言三昧，入是三昧能解俗言。有離語言無字三昧，入是三昧於諸法中悉得解了無有語言。有智炬三昧，入是三昧於諸法中能作照明。有智勝相吼三昧，入是三昧於諸法中示現淨相。有通智相三昧，入是三昧於諸法中悉見智相。

有成就一切行三昧，入是三昧於諸法中成就一切行。有離苦樂三昧，入是三昧於諸法中無所依止。有無盡行三昧，入是三昧見諸法無盡。有陀羅尼三昧，入是三昧於諸三昧能持法相不見邪正。有無憎愛三昧，入是三昧於諸法中不見憎愛。

「『有淨光三昧，入是三昧於有為法不見是垢。有堅牢三昧，入是三昧不見諸法有不堅牢。有滿月淨光三昧，入是三昧悉能具足成就功德。有大莊嚴三昧，入是三昧於諸三昧悉見成就無量莊嚴。有一切世光明三昧，入是三昧於諸三昧以智照明。有一切等照三昧，入是三昧於諸三昧悉得一心。有淨無淨三昧，入是三昧於諸三昧不見淨不淨。有無宅三昧，入是三昧不見諸三昧舍宅。有如爾三昧，入是三昧於諸法中不見作與不作。有無身三昧，入是三昧於諸法中不見有身。

「『諸菩薩得如是等諸三昧門，口業清淨如虛空，於諸法中不見口業，猶如虛空無有障礙。大悲！是名修學大乘菩薩摩訶薩諸三昧門。』」

悲華經卷第八

北涼天竺三藏曇無讖譯

檀波羅蜜品第五之二

「『善男子！云何菩薩摩訶薩助菩提法清淨之門？善男子！布施即是助菩提法，化衆生故。持戒即是助菩提法，具足善願故。忍辱即是助菩提法，具足三十二相、八十隨形好故。精進即是助菩提法，於諸衆生勤教化故。禪定即是助菩提法，令心具足得調伏故。智慧即是助菩提法，具足能知諸煩惱故。多聞即是助菩提法，於諸法中具無礙故。一切功德即是助菩提法，一切衆生得具足故。智業即是助菩提法，得具足無礙智故。修定即是助菩提法，悉得成就柔軟心故。慧業即是助菩提法，遠離一切諸疑惑故。慈心即是助菩提法，於諸眾生心無礙故。悲心即是助菩提法，拔出眾生諸苦故。喜心即是助菩提法，受樂法故。捨心即是助菩提法，斷憎愛故。聽法即是助菩提法，斷五蓋故。出世即是助菩提法，捨諸所有故。阿蘭若即是助菩提法，離諸怱務故。專念即是助菩提法，得陀羅尼故。正憶即是助菩提法，分別意識故。思惟即是助菩提法，於諸法中得成就義故。念處即是助菩提法，身、受、心、法覺分別故。正勤即是助菩提法，斷不善法修善法故。如意足即是助菩提法，身心輕利故。諸根即是助菩提法，得一切眾生根具足故。諸力即是助菩提法，具足能壞諸煩惱故。諸覺即是助菩提法，於諸法中具足覺知實法相故。正道即是助菩提法，遠離一切諸邪道故。聖諦即是助菩提法，斷滅一切諸煩惱故。四辯即是助菩提法，得斷眾生諸疑惑故。緣念即是助菩提法，不從他聞得智慧故。善友即是助菩提法，一切功德特成就故。發心即是助菩提法，成就不誑諸眾生故。用意即是助菩提法，出一切法故。專心即是助菩提法，增益善法故。思惟善法即是助菩提法，隨所聞法得成就故。攝取即是助菩提法，成就教化諸衆生故。護持正法即是助菩提法，令三寶種不斷絕故。善願即是助菩提法，成就嚴淨佛世界故。方便即是助菩提法，速得成就一切智故。善男子！是名菩薩摩訶薩助菩提法清淨門經。』

「善男子！爾時寶藏如來四顧遍觀菩薩大衆，告大悲言：『大悲！云何菩薩以無所畏莊嚴瓔珞具足於忍？善男子！若菩薩見第一義，得無癡精進不著三界，若不著三界，是謂三昧無畏沙門之法。如空中動手悉無所著，又觀諸法不見相貌。大悲！是名菩薩摩訶薩以無所畏莊嚴瓔珞。

「『善男子！云何菩薩具足於忍？如是菩薩住於法時，不見諸法如微塵相貌，逆順觀行於諸法中解無果報。於所習慈，了無有我。於所習悲，了無衆生。於所習喜，了無有命。於所習捨，了無有人。雖行布施，不見施物。雖行持戒，不見淨心。雖行忍辱，不見衆生。雖行精進，無離欲心。雖行禪定，無除惡心。雖行智慧，心無所行。雖行念處，不見思惟。雖行正勤，不見心之生滅。雖行如意足，不見無量心。雖行於信，不見無障礙心。雖行於念，不見心得自在。雖行於定，不見入定心。雖行於慧，不見慧根。雖行諸力，無所破壞。雖行諸覺，心無分別。雖行正道，不見諸法。雖行定業，不見心之寂靜。雖行慧業，不見心之所行。雖行聖諦，不見通達法相。雖修念佛，不見無量行心。雖修念法，心等法界。雖修念僧，心無所住，教化眾生，心得清淨。雖持正法，於諸法界心不分別。雖修淨土，其心平等猶如虛空。雖修相好，心無諸相。雖得忍辱，心無所有。雖住不退，常自不見退與不退。雖行道場，解了三界無有異相。雖壞諸魔，乃是利益無量眾生。雖行菩提，觀諸法空無菩提心。雖轉法輪，於一切法無轉無還。雖復示現大般涅槃，於生死中心等無異。是名菩薩具足於忍。』」

說是法時，有六十四億菩薩摩訶薩從十方來至耆闍崛山釋迦牟尼佛所，聽此本緣三昧助菩提法清淨門經，聞是法已得無生忍。

爾時釋迦牟尼佛告諸大眾：「汝今當知寶藏如來於往古世，說是法時有四十八恒河沙等菩薩摩訶薩得無生忍，四天下微塵數等菩薩摩訶薩住不退轉地，一恒河沙等菩薩摩訶薩得此本緣三昧助菩提法清淨門經。善男子！爾時大悲菩薩聞是法已，心生歡喜即得變身，其狀猶如年二十人，追隨如來猶影隨形。善男子！爾時轉輪聖王及其千子、八萬四千小王、九十二億人悉共出家，奉持禁戒修學多聞，忍辱三昧勤行精進。

「善男子！爾時大悲菩薩摩訶薩漸漸從佛諮受聲聞所有八萬四千法聚、緣覺所有九萬法聚，受持諷誦悉令通利。大乘法藏身念處中十萬法聚、受念處中十萬法聚、心念處中十萬法聚、法念處中十萬法聚，悉皆受持讀誦通利。十八界中十萬法聚、十二入中十萬法聚、斷除貪欲十萬法聚、斷除瞋恚十萬法聚、斷除愚癡十萬法聚、三昧解脫十萬法聚、諸力、無畏、不共之法十萬法聚，如是等十億法聚，皆悉受持讀誦通利。

「善男子！其後彼佛入般涅槃，爾時大悲菩薩摩訶薩以無量無邊種種諸華、末香、塗香、寶幢、幡蓋、珍寶、妓樂而以供養，以種種香積以為積，闍維其身收取舍利，起七寶塔高五由旬，縱廣正等滿一由旬，於七日中復以種種無量無邊華香、妓樂、寶幢、幡蓋而供養之。爾時復令無量無邊眾生，安止住於三乘法中。

「善男子！大悲菩薩過七日已，與八萬四千人俱共出家，剃除鬚髮著染袈裟，於寶藏佛般涅槃後，隨順等心熾然正法滿十千歲，復令無量無邊阿僧祇眾生，安止住於三乘法中，及三歸依、五戒、八齋、沙彌十戒，次第具足大僧淨行。復更勸化無量百千萬億眾生，安止住於神通方便、四無量行，令觀五陰猶如怨賊，觀於諸入如空聚落，觀有為法從因緣生，勸化眾生令得知見，觀一切法如鏡中像、如熱時炎、如水中月，於諸法中皆知無我、無生、無滅、第一寂靜微妙涅槃，復令無量無邊眾生安止住於八聖道中。作如是等大利益已，即便命終。尋時復有無量無邊百千諸人，以種種供養供養大悲比丘舍利，其所供養悉如轉輪聖王之法，如是大眾種種供養大悲舍利亦復如是。大悲比丘命終之日，寶藏如來所有正法即於其日滅盡無餘，彼諸菩薩以本願故生諸佛土，或生兜術、人中、龍中，或夜叉中或阿修羅，生於種種畜生之中。

「善男子！大悲比丘命終之後以本願故，南方去此十千佛土，有佛世界名曰歡喜，彼中人民壽八十歲，集聚一切諸不善根，憙為殺害安住諸惡，於諸眾生無慈悲心，不孝父母乃至不畏未來之世，大悲比丘以本願故，生彼世界旃陀羅家。所受身體長大端正，力勢剛強威猛勇健，專念問答辯才捷疾，如是諸事悉勝於人。以強力勢逼捉諸人，作如是言：『汝今若能受不盜戒，乃去遠離種種邪見行正見者，當施汝命，給汝所須資產之物令無所乏。若不受者，我今要當斷汝命根然後乃去。』爾時諸人長跪叉手作如是言：『仁者今已為我調御，如仁所勅我今授持，盡其壽命不復偷盜，乃至正見亦復如是。』

「爾時強力旃陀羅往至王所或大臣所，作如是言：『我今困乏資產之具，所謂飲食、醫藥、衣服、臥具、香華、金銀、錢貨、真珠、琉璃、珂貝、璧玉、珊瑚、虎珀、真寶、偽寶，若我得此種種物已，持施衆生。』爾時國王大臣即與種種所須之物，令其充足。時旃陀羅因其施故，安止此王及其大臣住九善中，爾時人民增益壽命滿五百歲。其王命終，諸大臣等以旃陀羅紹繼王位，因為作字號功德力。

「善男子！爾時功德力王不久王一國土，復以力故王二國土，如是不久乃至得作轉輪聖王王閻浮提，然後教化一切衆生，安止令住不殺生戒，乃至正見亦復如是。隨諸衆生心所志樂，勸化令住於三乘中。

「爾時功德力王，教化閻浮提內無量衆生於十善道及三乘中已，於閻浮提內大聲唱言：『若有乞求，欲須食飲乃至欲得種種珍寶，悉來至此，我當給施。』是時閻浮提內一切乞士聞是唱已悉來集會，時功德力王種種隨意給施所須，皆令滿足。

「爾時有一尼乾子名曰灰音，往至王所而作是言：『王今所作種種大施，以求無上正真之道，我今所須王當與我令得滿足，王於來世當熾然法燈。』

「時王問言：『卿何所須？』

「彼人答言：『我誦持呪術，欲得與彼阿修羅鬪，怖其破壞自得勝利，是故白王如是事耳。所可須者，未死之人皮之與眼。』

「爾時大王聞是語已，如是思惟：『我今得是無量勢力轉輪聖王已，得安止無量衆生住於十善及三乘中，復作無量無邊大施。此善知識！欲令我以不堅牢身貿堅牢身。』

「爾時大王便作是言：『汝今可生歡喜之心，我今以此凡夫肉眼布施於汝，以是緣故，令我來世得清淨慧眼。以歡喜心剝皮施汝，復以是緣，令我成阿耨多羅三藐三菩提已得金色身。』

「善男子！爾時功德力王，以其右手挑取二目施尼乾子，血流污面而作是言：『諸天、龍、神、乾闥婆、阿修羅、迦樓羅、緊那羅、摩睺羅伽、人非人等，若在虛空、若在地者，悉聽我言：我今所施皆為無上菩提之道白淨涅槃，度諸衆生於四流水，令得安止住於涅槃。』

「復作是言：『若我必定成阿耨多羅三藐三菩提者，雖作是事所有命根不應斷壞，不失正命、不應生悔，令尼乾子所作呪術便得成就。』

「復作是言：『汝今可來剝取我皮。』

「善男子！時尼乾子即持利刀剝取王皮，却後七日所作呪術悉得成就。爾時大王於七日中，其命未終不失正念，雖受是苦乃至一念不生悔心。

「善男子！汝今當知，爾時大悲菩薩者豈異人乎？莫作是觀，則我身是。於過去世寶藏佛所初發阿耨多羅三藐三菩提心，初發心已勸化無量無邊眾生於阿耨多羅三藐三菩提。善男子！是我最初勇健精進。爾時我以本願力故，命終生於歡樂世界旃陀羅家，是我第二勇健精進。我生旃陀羅家，教化眾生於善法中，以自力勢乃至得作轉輪聖王，滅閻浮提鬪諍穢濁，令得寂靜增長壽命，是我初始捨於身皮及以眼目。

「善男子！我以願故於彼命終，復還來生歡喜世界旃陀羅家，乃至得作轉輪聖王，以大勢力安止眾生於善法中，於彼世界復得除滅怨賊鬪諍穢濁之事，令諸眾生增益壽命，我於爾時始捨舌耳。於彼三千大千世界一一天下，作如是等大利益已，以願力故精進堅牢，如是次第復於如是一恒河沙等五濁惡世作大利益，安止眾生住於善法及三乘中，滅除怨賊鬪諍穢濁。

「善男子！其餘他方清淨世界，所有諸佛本行阿耨多羅三藐三菩提時，不說他過不為他人說麤惡言，不以力勢示現恐怖，不勸眾生於聲聞乘、辟支佛乘。是故諸佛具滿成就阿耨多羅三藐三菩提已，得此清淨妙好世界，無諸罪名無有受戒，耳終不聞麤惡之言，無不善聲常聞法聲，離於一切不適意聲，於諸衆生而得自在，無有聲聞、辟支佛名。

「善男子！我於恒河沙等大劫，如恒河沙等無佛國土五濁之世，以麤惡言斷命因緣恐怖衆生，然後勸令安住善法及三乘中，是餘業故令得如是弊惡世界。以不善音唱滿世界，是故今得不善衆生充滿世界，說三乘法，如我本願，取佛世界調伏衆生。其事如是，我已如說精勤修集行菩提道，是故今得種子相似佛之世界，如我本願今得如是。

「善男子！今我略說往昔所行檀波羅蜜。我行檀波羅蜜時，過去諸菩薩行菩薩道時，亦無有能行如是行；未來之世行菩薩道，亦無有能行如是行。我為菩薩行檀波羅蜜時，唯除過去八善丈夫。

「第一菩薩名曰一地得，在此南方一切過患國成阿耨多羅三藐三菩提，號破煩惱光明如來、應、正遍知、明行足、善逝、世間解、無上士、調御丈夫、天人師、佛、世尊。人壽百歲，於中說法，七日之後入般涅槃。

「第二菩薩名精進清淨，在此東方炎熾國土成阿耨多羅三藐三菩提，號曰功德如來、應、正遍知、明行足、善逝、世間解、無上士、調御丈夫、天人師、佛、世尊。人壽百歲，於中說法。作佛事已，彼佛過一恒河沙等大劫已，入無上涅槃，其佛舍利乃至今日，在無佛國作於佛事，如我無異。

「第三菩薩名堅固華，於諸三昧勤行精進，以大力勢行於布施。於當來世過十恒河沙等大劫，在此北方歡樂世界成阿耨多羅三藐三菩提，號斷愛王如來、應、正遍知、明行足、善逝、世間解、無上士、調御丈夫、天人師、佛、世尊。

「第四菩薩名曰慧熾攝取歡喜，過一大劫在此西方可畏世界，人壽百歲，於中成阿耨多羅三藐三菩提，號曰藏光明無垢尊王如來、應、正遍知、明行足、善逝、世間解、無上士、調御丈夫、天人師、佛、世尊。

「於今我前有二菩薩：一名日光，二名喜臂。未來之世過於無量無邊大劫，在此上方灰霧國土，劫名大亂，五濁惡世多諸煩惱，人壽五十歲，日光菩薩以本願故，於中成阿耨多羅三藐三菩提，號不思議日光明如來、應、正遍知、明行足、善逝、世間解、無上士、調御丈夫、天人師、佛、世尊。滿十歲中具足佛事而般涅槃，即涅槃日正法亦滅，其後十歲空過無佛，人壽轉減至三十歲。喜臂菩薩以本願故，於中得成阿耨多羅三藐三菩提，號勝日光明如來、應、正遍知、明行足、善逝、世間解、無上士、調御丈夫、天人師、佛、世尊。彼佛世尊亦十歲中具足佛事而般涅槃，般涅槃已以本願故，正法住世滿七十歲。時二菩薩在於我前始得授阿耨多羅三藐三菩提記，以聞記故心生歡喜頭面敬禮，以歡喜故上昇虛空高七多羅樹，叉手向佛異口同音，而說偈言：

如來光明，　殊於日月，　能於惡世，　演大智慧。
調御自淨，　無有垢穢，　以妙論議，　摧伏外道。
我無量劫，　修無相定，　以求無上，　勝妙菩提。
供養諸佛，　數如恒沙，　而過去佛，　不授我記。
世尊離欲，　心得解脫，　於黑闇世，　善為佛事。

為諸失道，　眾生說法，　悉令得出，　生死漂流。
我今所願，　於此自在，　清淨佛法，　出家修道。
解脫淨戒，　如說而行，　定心觀佛，　如影隨行。
不為利養，　但求正法，　得聞法已，　服甘露味。
是故世尊，　與我授記，　於未來世，　得無上道。

「善男子！其餘二人故未發心，已發心者，一名日光，二名喜臂；先有四人，一名地得，二名精進淨，三名堅固華，四名慧熾攝取歡喜，合有八人。是六菩薩我初勸其令發阿耨多羅三藐三菩提心。

「善男子！汝今諦聽往昔因緣。過去無量阿僧祇劫，爾時此界名無垢須彌，人壽百歲，有佛出世號香蓮華。般涅槃後像法之中，我於爾時作大強力轉輪聖王，號難沮壞，王閻浮提，千子具足，我悉勸化令發阿耨多羅三藐三菩提心。其後尋於香蓮華佛像法之中，出家修道熾然增益佛之遺法，唯除六子不肯出家發菩提心。

「我於爾時數數告言：『卿等今者欲何所求？何以不發無上道心出家修道？』

「是時六子作如是言：『不應出家，所以者何？若於末世像法出家，不能成就護持戒聚，離聖七財，以不護戒沒於生死污泥之中，墮三惡道，不能得生天上、人中。以是因緣，我等不能出家修道。』

「善男子！我復重問：『卿等何以不發無上道心？』

「六子答言：『若能與我閻浮提者，然後我當發阿耨多羅三藐三菩提心。』

「善男子！我聞是已心生歡喜，作是思惟：『我今已化閻浮提人，安置三歸、受八戒齋、住於三乘，我今當分此閻浮提以為六分與此六子，令其得發無上道心，然後我當出家修道。』

「思惟是已，如其所念分閻浮提即為六分，賜與諸子尋便出家。爾時六王各相違戾不相承順，互相抄掠攻伐鬪諍縛束枷鎖。爾時一切閻浮提內苗稼不登人民飢餓，水雨不時諸樹枯悴，不生華實藥草不生，人民禽獸及諸飛鳥悉皆飢餓，其身燋然猶如火聚。我於爾時復自思惟：『我今應當自捨己身肌體血肉，以施眾生令其飽滿。』作是念已，從其所住阿蘭若處至於人間，中路有山名水愛護，住是山上，復作是願而說偈言：

如我自捨，所有身命，為大悲心，不求果報。
但為利益，諸天及人，願作肉山，給施衆生。
我今所捨，妙色端嚴，不求帝釋，天魔梵王。
但為利益，未來人天，以此血肉，施諸衆生。
諸天龍神，人及非人，住山林者，今聽我言：
為諸衆生，我起大悲，自以血肉，而給施之。

「善男子！我於爾時作是願已，諸天播嬈，大地諸山、須彌、大海皆六種動，人、天大衆發聲悲號。爾時我於水愛護山自投其身，以願力故即成肉山，高一由旬，縱廣正等亦一由旬。是時人民、飛鳥、禽獸，始於是時噉肉飲血。以本願故，於夜中分增益廣大其身，乃至高千由旬，縱廣正等亦千由旬，其邊自然而生人頭、髮毛、眼耳、鼻口、脣舌，具足而有。彼諸頭中，各各有聲而唱是言：『

諸衆生等各各自恣隨意取用，飲血、噉肉，取頭目、耳鼻、脣舌、齒等，皆令滿足，然後悉發阿耨多羅三藐三菩提心，或發聲聞、辟支佛心。卿等當知如是之物悉不可盡，食之易消不夭壽命。』

「有明智者食肉飲血，取其頭目、耳鼻、舌者，或發聲聞、辟支佛乘，或發阿耨多羅三藐三菩提心，或求天上、人中富樂。以本願故，身無損減乃至萬歲。閻浮提內人及鬼神、飛鳥、禽獸皆悉充足，於萬歲中所施目如一恒河沙，所施血如四大海水，所捨肉如千須彌山，所捨舌如大鐵圍山，所捨耳如純陀羅山，所捨鼻如毘富羅山，所捨齒如耆闍崛山，所捨身皮猶如三千大千世界所有地等。

「善男子！汝今當知我於往昔萬歲之中，所捨無量無邊阿僧祇身，一壽命中自以血肉給施如是無量無邊阿僧祇衆生，悉令飽足，乃至一念不生悔心。我於爾時復作是言：『若我必定成阿耨多羅三藐三菩提，所願成就得己利者，我今於此一閻浮提萬歲之中，自以血肉給施一切無量衆生。如是一恒河沙等萬歲，遍滿於此無垢須彌三千大千世界作血肉山，一一天下於萬歲中，自以血肉、頭目、耳等給施眾生，所謂天、龍、鬼、神、人及非人一切畜生，若在虛空及因地者，乃至餓鬼悉令滿足，然後勸化安置住於三乘法中。若遍於此一佛世界滿足眾生已，復至十方如一恒河沙等五濁惡世，復給血肉、頭目、耳等給施眾生悉令充足。如是一恒河沙等大劫之中為眾生故，自捨身命以施眾生。若我所願不成，不得己利者，即便欺誑十方世界無量無邊諸佛世尊為諸眾生轉法輪者，必定不成阿耨多羅三藐三菩提，住於生死，畢竟不聞佛聲、法聲、比丘僧聲、波羅蜜聲、力無畏聲，乃至一切諸善根聲。若我不能成就捨身布施充足諸眾生者，常墮阿鼻地獄。』

「善男子！我於往昔如是所願皆悉成就，於一一天下捨身血肉，給施眾生悉令飽滿。如是次第遍滿十方如恒河沙等諸佛世界，捨身血肉給施眾生悉令滿足。善男子！汝今當知我於爾時為檀波羅蜜捨身布施，如是次第施於眼目，其聚滿此閻浮提內高至忉利天。善男子！是名如來略說捨身檀波羅蜜。

「復次，善男子！如是復過無量無邊阿僧祇劫，爾時此界轉名月電，亦五濁世，我於爾時作轉輪聖王，王閻浮提號燈光明，亦教無量無邊阿僧祇人，安止住於諸善法中亦如上說。

「作是事已，遊在園林觀看土地，見有一人身被束縛，我即問言：『此何所犯？』

「大臣白言：『諸有田作所得穀麥，應為六分一分入官，是人不順王法，不肯輸送是故被縛。』

「我於爾時即勅令放，從今已後不須強取。

「大臣答言：『是人民中，乃至無有一人生歡喜心以義送之。今諸王子後宮眷屬、貴人、婇女，諸所資用飲食之具，一切皆從他邊強取，無有一人清淨心與。』

「我聞是已心大憂愁，即自思惟：『此閻浮提當持與誰？』

「爾時我有五百諸子，先已令發無上道心，當分此地為五百分等與諸子。我當出家至阿蘭若處，修諸仙法學梵淨行。

「思惟是已，尋分此地為五百分，等與諸子，即便出家，至南海邊欝頭摩樹大林之中，食諸果子漸漸修學，得五神通。

「善男子！時閻浮提有五百商人，入於大海欲採珍寶。有一商主名曰滿月，此人先世福德緣故，得如所願至於寶渚，多取種種諸珍寶已，即欲發引還閻浮提。爾時海神高聲涕哭，多有諸龍心懷瞋恚欲害商人。有一龍王名曰馬堅，是大菩薩以本願故生於龍中，起發悲心救護諸商，令得安隱過於大海至彼岸邊；龍王然後還本住處。爾時復有大惡羅剎，隨逐商人如影隨形欲為虐害。是惡羅剎即於其日放大惡風，時諸商人迷悶失道，生大怖畏失聲號哭，稱喚諸天摩醯首羅、水神、地神、火神、風神，復稱父母、妻子、眷屬：『願救濟我！』

「善男子！我於爾時以淨天耳聞其音聲，尋往其所，以柔軟音而慰撫之：『莫生怖畏，當示汝道，令汝安隱還閻浮提。』

「善男子！我於爾時白疊縛臂，以油灌之然以為炬，發真實言：『我先以於鬱頭摩林，三十年中專精修行四無量心，為諸眾生食噉果子，勸化八萬四千諸龍、夜叉、神等，不退轉於阿耨多羅三藐三菩提。以是善根因緣，今然此臂為示道故，令是諸商安隱得還閻浮提中。』然臂乃至七日七夜，此諸商人尋便安隱還閻浮提。

「善男子！我於爾時復作善願：『若閻浮提無諸珍寶，若我必成阿耨多羅三藐三菩提，得己利者，當作商主，於一一天下七返雨寶，復入大海取如意珠，於一一天下復雨種種雜厠寶物。如是次第遍此世界，乃至十方無量無邊阿僧祇諸世界中亦復如是。』

「善男子！我於往昔諸所發願皆悉成就，如恒河沙等大劫中，常作無上薩薄之主，於恒河沙等五濁惡世，雨種種珍寶，一日之中七返雨之。如是利益無量眾生，悉令珍寶得滿足已，然後勸化安止令住於三乘中。善男子！汝今當知即是如來捨諸珍寶，為得諸相善根因緣。

「復次，善男子！如是復過無量無邊阿僧祇劫，此佛世界轉名為網，劫名知具足，其世五濁，人民壽命滿五萬歲。以本願故生閻浮提婆羅門家，字曰須香，讀誦外典闡陀章句。爾時眾生多著常見，互共鬪諍起怨賊想，我於爾時以強力勢，為諸眾生說五受陰猶如怨家，說十二入如空聚落，說十二緣其性生滅，開示分別阿那婆那令其修學，復作是言：『仁等今者可發無上菩提之心，所作善根應生迴向。』我於是時自然而得五通神仙。爾時復有無量無邊阿僧祇人，受我教故悉得五通。復有無量無邊衆生，遠離鬪諍滅除怨憎，出家入山食果蓏子，晝夜修集四無量心。是劫欲盡，是諸人等各各分散，遊閻浮提教化衆生，令離鬪諍，除滅怨憎悉使寂靜，或有水旱、暴風、惡雨皆令除滅，其地柔軟五穀成熟，食噉滋味。以劫欲盡，衆生復為種種病苦之所纏惱。

「善男子！我於爾時尋復思惟：『若我不能除衆生病，我則不成阿耨多羅三藐三菩提，為諸衆生斷除煩惱。我今當以何等方便除衆生病？唯有聚集一切大衆、釋天、梵天、四天王等，及諸天仙、龍仙、人仙，問諸醫方合集諸草，種種呪術以療衆病。』思惟是已，即以神力至釋天、梵天、四天大王及諸天、神、龍、人仙所，作如是言：『有毘陀山，願諸仁等皆共來集。』爾時大衆聞是言已皆悉集聚。既集聚已，皆共誦持毘陀呪術，以是力故能却一切諸惡鬼神，擁護衆生，復修醫方，能治痰癊、風寒、冷熱。以是因緣，令無量無邊阿僧祇人離諸苦惱。

「善男子！我於爾時復更作願：『若我已為此一天下無量衆生作智慧光，安止住於三乘法中，閉三惡門通天人路，除諸病苦令得歡喜。復次第為無量無邊阿僧祇人作智慧光，乃至歡樂。』以是善根因緣果報故，令我所願皆得成就逮得己利，如我已為此一天下無量無邊阿僧祇人，閉三惡道通天人路，為諸病者請諸天、龍、神、仙之人集毘羅山修毘陀呪，令無量無邊阿僧祇人，悉得離病受於快樂。如是遍滿此網世界，利益一切在在處處無量衆生安住三乘，閉三惡道通天人路。復為如是世界病者，請諸天、龍、神、仙之人集毘羅山修毘陀呪，令此世界無量無邊阿僧祇人，悉得離病受於快樂。如此世界，乃至十方如恒河沙五濁惡世亦復如是。

「善男子！我於爾時在網世界，乃至十方如恒河沙五濁惡世，諸所作願皆得成就。善男子！汝今當知即是如來為菩薩時，增益智慧修菩薩道，是名如來愛護三業善根種子。」

悲華經卷第九

悲華經卷第十

北涼天竺三藏曇無讖譯

檀波羅蜜品第五之三

佛告寂意菩薩：「善男子！其後復過無量無邊阿僧祇劫，此界轉名選擇諸惡。爾時大劫名善等蓋，世亦五濁。東方去此五十四天下，彼閻浮提名盧婆羅，以願力故，生於彼中作轉輪聖王，主四天下號虛空淨，教諸衆生安住十善及三乘中，我於爾時布施一切無所分別。是時多有無量乞兒，來從我乞種種珍寶，金銀、琉璃、頗梨、錢貨、青琉璃珠、大青琉璃、火珠、摩尼，所有珍寶少不足言，乞者無量。

「我於是時即問大臣：『如是珍寶從何處生？』

「大臣答言：『是諸龍王之所示現，雖有此寶惟供聖王，不能廣及如是乞者。』

「我於爾時作大誓願：『若我未來於五濁中厚重煩惱人壽百歲，必定成阿耨多羅三藐三菩提，所願成就得己利者，作大龍王示現種種珍寶之藏，於此選擇諸惡世界在在處處四天下中，於一一天下七返受身，一一身中示現無量百千萬億那由他等珍寶之藏，一一寶藏縱廣正等一千由旬，各各充滿種種珍寶，如上所說給施眾生。如我在此一世界中精勤用意，如是次第遍十方如恒河沙等五濁惡世無佛國土，於一一佛土一一天下，七返受身乃至如上所說。』

「善男子！我作如是善願，爾時天人有百千億，在虛空中雨種種華而讚我言：『善哉！善哉！一切布施，汝今已得如心所願。』善男子！爾時大眾聞虛空淨王諸天作字號一切施，聞是事已各各相謂：『我等今者應往乞求難捨之物，若能捨者可得名為一切布施，如其不能何得稱為一切施也！』是時諸人各各從王乞索後宮夫人、婇女及兒息等，時轉輪王聞是事已心大歡喜，隨其所索悉皆與之。是時諸人復更相謂：『如是妻子皆是易捨非難事也！今當從王乞身支節，若能捨者真可得名能捨一切。』爾時諸人往大王所。

「於是衆中有乞兒字青光明，受持狗戒，向轉輪王作如是言：『大王！若是一切施者，唯願施我此閻浮提。』我時聞已心大歡喜，尋以香水洗浴其人，令著柔軟上妙衣服，以水灌頂紹聖王位，持閻浮提即以施之，復作是願：『如我以此閻浮提施，是因緣故成阿耨多羅三藐三菩提，所願成就得己利者，是閻浮提所有人民，皆當承順奉敬此人以為王者，復令此人壽命無量作轉輪王，我成阿耨多羅三藐三菩提已當與授記，一生當得補佛之處。』

「有婆羅門名曰盧志，復來從我乞其兩足。我聞是已心生歡喜，即持利刀自斷二足持以施之，施已發願：『願我來世具足當得無上戒足。』

「有婆羅門名曰牙，復來從我乞索二目。我聞是已心生歡喜，即挑二目持以與之，施已發願：『願我來世當得具足無上五眼。』

「未久之間，有婆羅門名淨堅牢，復來從我乞索二耳，我聞是已心生歡喜，尋自割耳持以施之，施已發願：『願我來世當得具足無上智耳。』

「未久之間，有尼乾子名想，復來從我乞索男根，我聞是已心生歡喜，尋即自割持以施之，施已發願：『願我來世成阿耨多羅三藐三菩提得馬藏相。』

「未久之間，復有人來，從我乞索其身血肉。我聞是已心生歡喜，即便施之，施已發願：『願我來世具足無上金色之相。』

「未久之間，有婆羅門名曰蜜味，復來從我求索二手。我聞是已心生歡喜，右手持刀尋斷左手，作如是言：『今此右手不能自割，卿自取之。』作是施已復發願言：『願我來世具足當得無上信手。』

「善男子！我截如是諸支節已其身血流，復作願言：『因此施故必定成阿耨多羅三藐三菩提，所願成就得己利者，其餘身分重得受者。』

「爾時非聖不知思義，諸小王等及諸大臣皆作是言：『咄哉！愚人！如何自割身體支節，令諸自在一旦衰滅，其餘肉摶復何所直？』

「是時大臣即持我身，送著城外曠野塚間，各還所止。時有無量蚊虻蠅等唼食我血，狐狼、野干、鵰、鷲之屬悉來噉肉，我於爾時命未斷間，心生歡喜復作願言：『如我捨於一切自在及諸支節，乃至一念不生瞋恚及悔恨心，若我所願成就得己利者，當令此身作大肉山，有諸飲血噉肉衆生，悉來至此隨意飲噉。』作是願已，尋有衆生悉來食噉，本願力故，其身轉大高千由旬，縱廣正等五百由旬，滿千歲中以此血肉給施衆生。我於爾時所捨舌根，令諸虎、狼、鵄、梟、鵰、鷲食之飽足，以願力故復生如本，假當聚集如耆闍崛山。作是施已，復作是願：『願我來世具足得成廣長舌相。』

「善男子！我時命終在閻浮提，以本願故生於龍中，作大龍王名示現寶藏，即於生夜示現百千億那由他種種寶藏，自宣令言：『今是分中多有寶藏，其中具足諸珍異物，金銀乃至摩尼寶珠。』是諸衆生聞是唱已，各各自恣取諸寶物隨意所用，用已具足行十善道，發阿耨多羅三藐三菩提心，或發聲聞、辟支佛心。我於爾時在龍王中七返受身，壽命七萬七千億那由他百千歲，示現無量無邊阿僧祇寶藏與諸衆生。爾時安住無量無邊阿僧祇人於三乘中，勸令具足行十善道，以種種無量珍寶滿衆生已，復發願言：『願我來世具足當得三十二相。』如是第二天下亦復七生作大龍王，乃至遍滿選擇世界在在處處諸四天下，悉作如是無量利益；乃至十方無量無邊無佛世界，一一佛界一一天下，亦復七生作大龍王，壽命七萬七千億那由他百千歲，示現如是無量無邊阿僧祇寶藏，亦復如是。

「善男子！汝今當知是謂如來為菩薩時，深重精進求三十二相之因緣也。善男子！如來為菩薩時所行精進除上八人，過去世中更無能及。若過去無者，當知未來諸菩薩等，亦復不能如是勤行深重精進如我所行。

「善男子！復過無量無邊阿僧祇劫，此界轉名珊瑚池，劫名華手，是時無佛，其世五濁，我於是中作釋提桓因，名善日光明。觀閻浮提見諸衆生轉行惡法，我時即化為夜叉像，其形可畏，下閻浮提住諸人前。諸人見我皆生怖畏，而問我言：『欲何所須，願速說之。』我時答言：『唯須飲食，更無所須。』其人復問：『欲食何等？』我復答言：『唯殺於人，噉其血肉。汝等若能盡其形壽持不殺戒，乃至正見發阿耨多羅三藐三菩提心，若發聲聞、緣覺心者，我即不復食噉汝等。』

「善男子！我於爾時常作化人以供食飲，爾時眾生見我如是倍生怖畏，悉皆盡形受不殺戒乃至正見，或發阿耨多羅三藐三菩提心，或發聲聞、辟支佛心。我勸如是閻浮提內一切眾生，修行十善住三乘已，復作誓願：『若我必成阿耨多羅三藐三菩提，所願成就得己利者，復當勸此四天下人令行十善道，乃至遍滿此之世界在在處處四天下中，以如是相貌令諸眾生行十善道，勸化發於三乘之心。如是遍滿一世界已，乃至十方無量無邊阿僧祇等五濁惡世、無佛國土亦復如是。』

「善男子！我於爾時發是願已一切成就，於珊瑚池世界化作可畏夜叉之像，調伏眾生令住十善及三乘中。如是遍於十方無量無邊阿僧祇等五濁惡世無佛國土，作夜叉像調伏眾生，令行十善住三乘中。我於往昔恐怖眾生令行十善住三乘中，以是業因緣故，今得坐於菩提樹下，欲成阿耨多羅三藐三菩提時，天魔波旬與諸大眾來至我所，欲得壞亂我菩提道。

「善男子！略說我為菩薩之時檀波羅蜜。善男子！諸大菩薩甚深法忍微妙總持解脫三昧，我於爾時悉未得之，唯除二身有漏五通。我於爾時作此大事，令無量無邊阿僧祇人安止住於阿耨多羅三藐三菩提，無量無邊阿僧祇人安止住於辟支佛乘，無量無邊阿僧祇人安止住於聲聞乘中，況復兼得供養諸佛如一佛世界微塵數等，一一佛邊所得功德數如大海諸水渧等，供養無量聲聞、緣覺、師長、父母、五通神仙亦復如是！如我昔者為菩薩時自以血肉供給衆生，如是大悲今諸羅漢悉無是心。」

悲華經入定三昧門品第六

爾時佛告寂意菩薩摩訶薩言：「善男子！如我今者，以佛眼見十方世界如一佛土微塵等諸佛世尊般涅槃者，皆悉是我昔所勸化，初發阿耨多羅三藐三菩提心，行檀波羅蜜乃至般若波羅蜜者，未來之世亦復如是。善男子！我今見此東方世界無量無邊阿僧祇等諸佛世尊，今現在世轉正法輪，亦是我昔初勸令發阿耨多羅三藐三菩提心，行六波羅蜜者。南、西、北方、四維、上下，亦復如是。

「善男子！東方去此八十九億諸佛世界，彼有世界名曰善華，是中有佛號無垢功德光明王如來、應、正遍知、明行足、善逝、世間解、無上士、調御丈夫、天人師、佛、世尊，今現在為眾生說法。彼佛亦是我昔所勸初發阿耨多羅三藐三菩提心，令行檀波羅蜜乃至般若波羅蜜。東方復有妙樂世界，是中有佛號阿閦如來。復有閻浮世界，是中有佛號日藏如來。復有世界名樂自在，是中有佛號樂自在音光明如來。復有世界名曰安樂，是中有佛號智日如來。復有世界名勝功德，是中有佛號龍自在如來。復有世界名善相，是中有佛號金剛稱如來。復有世界名江海王，是中有佛號光明如來。復有世界名不愛樂，是中有佛號日藏如來。復有世界名離垢光明，是中有佛號自在稱如來。復有世界名山光明，是中有佛號不可思議王如來。復有世界名聚集，是中有佛號大功德藏如來。復有世界名華光明，是中有佛號光明意相如來。復有世界名和熾盛，是中有佛號安和自在見山王如來。復有世界名善地，是中有佛號和像如來。復有世界名曰華晝，是中有佛號眼淨無垢如來。善男子！如是東方無量無邊阿僧祇等現在諸佛，為諸眾生轉法輪者，未發無上菩提心時，我初勸其令發阿耨多羅三藐三菩提心，又復引導將至十方在在處處佛世尊所，隨所至處，修行安止檀波羅蜜乃至般若波羅蜜，使得授阿耨多羅三藐三菩提記。

「爾時東方善華世界無垢功德光明王佛，師子之座及其大地六種震動，有大光明，雨於種種妙寶蓮華。彼諸菩薩見是事已，心生驚疑怪未曾有，即白佛言：『世尊！何因緣故，如來之座如是震動？我等昔來未曾見是。』

「其佛即告諸菩薩言：『善男子！西方去此八十九億諸佛世界，彼有國土名曰娑婆，是中有佛號釋迦牟尼如來，今現在為四部眾說本緣法。彼佛世尊為菩薩時，初勸化我發阿耨多羅三藐三菩提心，復引導我至諸佛所，初令我行檀波羅蜜乃至般若波羅蜜。我於爾時隨所至處，即得初受阿耨多羅三藐三菩提記。彼佛世尊釋迦牟尼，即是我之真善知識，今在西方處在大眾，為諸四部說本緣經。是彼如來神足力故，令我所坐師子座動。善男子！汝等今者誰能至彼娑婆世界，問訊彼佛起居輕利？』

「時諸菩薩各白佛言：『世尊！此善華世界諸菩薩等皆得神通，於諸菩薩功德自在。今日清旦見是大光，其光悉從諸佛世界來至於此，大地時時六種震動，雨種種華。見是事已有無量百千萬億諸菩薩等，欲以神力往娑婆世界，見釋迦牟尼佛供養恭敬尊重讚歎，并欲諮受解了一切陀羅尼門，然各不知娑*婆世界釋迦牟尼所在方面。』

「彼佛尋伸金色右臂，於五指頭放於種種微妙光明，其光即照八十九億諸佛國土至娑婆世界。時諸菩薩因光得見娑婆世界有諸菩薩摩訶薩等充滿側塞，復有諸天、龍、神、乾闥婆、阿修羅、迦樓羅、緊那羅、摩睺羅伽等滿虛空中。見是事已白佛言：『世尊！我今已得見彼世界，知其方面并見菩薩、諸天、大眾彌滿其土間無空處，釋迦如來*復觀我等說微妙法。』

「彼佛告諸菩薩大士：『善男子！釋迦如來恒以清淨無上佛眼，遍觀一切無不見者。善男子！娑婆世界所有眾生在地處空，一一皆言：「釋迦如來獨觀我心，為我說法。」善男子！彼釋迦如來以一音聲，為諸種種異類說法，眾生各各隨類得解，非以異音為多人說。彼土衆生或事梵天，見如來身為梵天像而得聞法。若事魔天、釋天、日月、毘沙門天、毘樓羅叉、毘樓博叉、提頭賴吒、摩醯首羅，如是種類八萬四千，隨其所事各見其像而得聞法，生獨為想。』

「是時會中有二菩薩：一名羅睺電，二名火光明。爾時無垢功德光明王佛告二菩薩：『善男子！汝今可往娑婆世界，汝持我聲，問訊釋迦牟尼世尊起居輕利氣力安不？』

「時二菩薩即白佛言：『世尊！我見彼佛一切世界大衆雲集，在地虛空充滿側塞，其間無有空缺之處，若我等往當住何處？』

「時佛告言：『諸善男子！莫作是語，言彼世界無止住處。所以者何？彼所住處寬博無邊，彼佛所有無量功德不可思議。以本願故，悲心廣大，乃令無量諸衆生類入於佛法受三歸依，然後為說三乘之法，復說三戒示三脫門，復拔無量無邊衆生於三惡道，安止令住三善道中。

「『善男子！又一時中釋迦如來成無上道，未久之間為欲調伏諸衆生故，在毘陀山因臺娑羅窟七日七夜結加趺坐，三昧正受入解脫樂，佛身爾時遍滿是窟間無空處乃至四寸。過七日已，十方世界有十二那由他菩薩摩訶薩，至娑婆世界住其山邊，欲見釋迦牟尼如來，供養恭敬尊重讚歎啟受妙法。善男子！爾時如來於所住處，以大神足令其窟舍寬博無量，悉得容受十二那由他菩薩摩訶薩。諸菩薩等既得入已，見其窟舍廣博嚴事，有諸菩薩以師子遊戲自在神足供養於佛，一一菩薩於化寶座而坐聽法。善男子！彼佛神力其事如是。是諸菩薩得聞法已，尋從坐起頭面禮佛，右遶三匝各各還歸本佛世界，其去未久窟還如故。

「『彼四天下第二天主釋提桓因名憍尸迦，其命將終必定當墮畜生道中。以是事故心生恐懼，與八萬四千諸忉利天俱共來下，詣因娑羅窟欲見如來。時有夜叉名曰王眼，即其窟神在外而住。爾時帝釋以佛力故，作是思惟：「今我當使乾闥婆子般遮旬先至佛所，以妙音聲讚詠如來，當令世尊從三昧起。」

「『善男子！釋提桓因思惟是已，即令乾闥婆子般遮旬彈琉璃琴以微妙音，其音別異有五百種以讚如來。善男子！是般遮旬當讚佛時，爾時如來即復轉入相三昧中，以三昧力故，於此世界作大神力，令諸夜叉、羅剎、乾闥婆、阿修羅、迦樓羅、緊那羅、摩睺羅伽、欲、色界天悉來聚集其中。若有憙聞妙音，隨意得聞心大歡喜。或有憙聞讚歎佛者，聞讚歎已心生歡喜，於如來所轉生尊重恭敬之心。或有衆生憙聞樂音，即得聞之，聞已歡喜。

「『爾時釋迦牟尼如來尋從定起，示諸大衆娑羅窟門。釋提桓因尋至佛所，頭面禮足却住一面，白佛言：「世尊！我於今者當坐何處？」時佛報曰：「憍尸迦！汝之眷屬但入聚集，我今當拓此娑羅窟令極寬博，悉使容受此十二恒河沙等大衆眷屬皆令得坐。」

「『爾時釋迦牟尼如來於大衆中，以一妙音敷演正法，令八萬四千諸根衆生隨所樂聞，衆中或有學聲聞者聞聲聞法，即有九十九億衆生得須陀洹果；若有修學緣覺乘者，即便得聞緣覺之法；若有修學大乘法者純聞大乘。乾闥婆子般遮旬等上首之衆十八那由他，得不退轉於阿耨多羅三藐三菩提，未發心者或發無上菩提之心，或發緣覺，或發聲聞。爾時釋提桓因恐怖即除，增壽千歲得須陀洹果。

善男子！釋迦如來以神力故，能作如是廣博無邊，說法音聲亦復如是。亦無一人能尋彼佛音聲齊限，彼佛方便無量無邊，所化眾生無有能知如是方便。

「『善男子！彼佛色身亦無量無邊，無有人能得其身量，見其頂者。善男子！如是大眾若欲得入彼佛腹中，悉亦容受。既入腹已，復有欲得其腹邊者，無有是處，然如來腹亦不增減。若眾生類皆共和合欲往來者，於一毛中悉無罣閡，乃至天眼亦無能得一毛孔邊，其毛孔亦不增不減。彼佛世尊其身如是無量無邊。善男子！彼佛世界亦無量無邊。善男子！假使十方如一恒河沙等世界，所有眾生入彼世界亦得容受。何以故？彼佛初發菩提心時，所作誓願無量無邊。善男子！置是一恒河沙等世界眾生，乃至十方千恒河沙等世界眾生，入彼世界亦得容受，如其本相不增不減。善男子！釋迦如來初發無上菩提心時，欲得具足一切智故發大誓願，是故今者所得世界無量無邊。

「『善男子！釋迦牟尼以是四法，諸佛世尊所不能及。善男子！汝今持此月光明無垢淨華，往於西方如目所見娑婆世界，并持我聲，*問訊彼佛起居輕利氣力安不？』

「爾時無垢功德光明王佛，取月光無垢淨華，與二菩薩而告之曰：『汝今乘我大神通力往彼世界。』

「爾時會中有二萬菩薩白佛言：『世尊！如是！如是！我等今當乘佛神力往彼世界見釋迦如來，供養恭敬尊重讚歎。』

「彼佛告曰：『善男子！汝等宜知是時。』

「時二菩薩與二萬大士乘佛神力，發善華界，一念之頃忽然來到娑婆世界耆闍崛山，在如來前長跪叉手前白佛言：『世尊！東方去此八十九億佛之世界，彼有世界名曰善華，是中有佛號無垢功德光明王佛，今現在與諸菩薩摩訶薩等大眾圍繞，讚歎世尊無量功德，作如是言：「娑婆世界有釋迦牟尼如來，今現在為諸大眾轉正法輪。彼佛世尊為菩薩時，初勸化我發菩提心，以是因緣我於爾時尋得發於無上道心。我發心已復勸修集六波羅蜜，乃至如來以是四法，諸佛世尊所不能及。是故彼佛以此月光明無垢淨華供養世尊，問訊如來起居輕利氣力安不？」』

「善男子！東方妙樂世界阿閦如來，所坐之處師子之座亦六種動，亦有無量諸大菩薩見是事已白佛言：『世尊！何因緣故，如來所坐師子座處如是震動？』如上所說，一切東方亦復如是。爾時東方無量無邊阿僧祇等諸大菩薩，皆來到此娑婆世界，悉持月光明無垢淨華，見佛供養恭敬尊重讚歎。善男子！如是東方無量諸佛，皆遣諸菩薩稱讚於我。

「善男子！我今見此南方去此世界，過一恒河沙等諸佛國土，彼有世界名離諸憂，是中有佛號無憂功德如來，今現在說法。復有世界名閻浮光明，是中有佛號法自在師子遊戲如來。復有世界名安須彌，是中有佛號道自在娑羅王如來。復有世界名功德樓王，是中有佛號師子吼王如來。復有世界名珍寶莊嚴，是中有佛號八臂勝雷如來。復有世界名真珠光明遍照，是中有佛號珍寶藏功德吼如來。復有世界名天月，是中有佛號火藏如來。復有世界名栴檀根，是中有佛號星宿稱如來。復有世界名曰稱香，是中有佛號功德力娑羅王如來。復有世界名曰善釋，是中有佛號妙音自在如來。復有世界名頭蘭若，是中有佛號娑羅勝毘婆王如來。復有世界名月自在，是中有佛號光明自在如來。復有世界名善雷音，是中有佛號妙音自在如來。復有世界名寶和合，是中有佛號寶掌龍王如來。復有世界名垂寶樹，是中有佛號雨音自在法月光明如來。如是南方無量無邊阿僧祇等現在諸佛，悉是我昔為菩薩時初可勸發菩提心者。是諸世尊師子座處亦皆震動，彼諸佛等亦各讚歎我之功德，亦遣無量無邊阿僧祇等諸大菩薩，持月光明無垢淨華，悉來至此娑婆世界耆闍崛山，見佛禮拜供養恭敬尊重讚歎，却坐一面次第聽法。

「善男子！我今復見西方去此七萬七千百千由旬佛之世界，彼有世界名寂靜，是中有佛號曰寶山，今現在為諸四衆說微妙法。復有勝光無憂佛、音智藏佛、稱廣佛、遍藏佛、梵華勢進佛、法燈勇佛、勝音山佛、稱音王佛、梵音王佛，如是西方無量無邊阿僧祇等諸佛世尊，亦是我昔為菩薩時初可勸發菩提心者。是諸世尊師子之座亦皆震動，彼諸佛等亦各讚歎我之功德，亦遣無量無邊阿僧祇等諸大菩薩，持月光明無垢寶華，悉來至此娑婆世界耆闍崛山，見佛禮拜供養恭敬尊重讚歎，却坐一面次第聽法。

「東北方去此百千那由他佛世界，彼有世界名無垢，是中有佛號離熱惱增毘沙門娑羅王如來，有二菩薩：一名寶山，二名光明觀。復有壞諸魔佛、娑羅王佛、大力光明佛、蓮華增佛、栴檀佛、彌樓王佛、堅沈水佛、火智大力佛，如是無量諸佛如來，乃至北方四維上下皆亦如是。」

爾時釋迦牟尼如來，以大神力為欲容受如是眾故，即一一變來會者身，極令微細如亭歷子。娑婆世界虛空及地，彌滿側塞間無空處乃至一毛。時諸眾生各不相見，亦復不見大小諸山、須彌山王、大小鐵圍二國中間幽冥之處，及上諸天所有宮殿，下至不見金剛地際，唯除一人佛世尊也。

爾時釋迦牟尼如來復入遍虛空斷諸法定意三昧，令此無量月光淨華悉入一切身諸毛孔，一切大眾悉皆自見。爾時眾生都不憶念佛色身相，唯見毛孔有妙園觀，其園觀中有諸寶樹，其樹復有種種莖葉華果茂盛，種種寶衣、天幡、幢蓋、天冠、寶飾、真珠、瓔珞，所有莊嚴譬如西方安樂世界。是諸大眾見是事已，復作思惟：「今我當往遊觀彼園。」爾時唯除三惡眾生及無色天，其餘所有一切大眾，皆從毛孔入如來身處園而坐。

爾時如來還捨神足，時諸大眾各各還得如本相見，各相謂言：「如來今者為在何處？」

爾時彌勒菩薩告諸大眾：「汝等當知，我今與汝等悉在如來身分之中。」

爾時大眾即見如來身之內外，尋自覺知與無量大眾集聚，共處如來身中。復相謂言：「我等為從何處得入？誰將導我令入是中？」

彌勒菩薩復告之曰：「諦聽！諦聽！如來今者現大神通變化之力，復為利益我等大眾將欲說法，仁等今當一心專念。」

爾時大眾聞是語已，長跪合掌受教而聽。

爾時世尊以一切行門而演說法：「何等名為一切行門？出生死淤泥入八聖道，具足成就得一切智？善男子！有十專心發*於菩☆提能入是門。何等為十？一者、欲令眾生悉得解脫，迴向隨喜故。二者、發大悲心，攝眾生故。三者、欲度未度，精勤修治無上法船故。四者、欲解未解者，莊嚴觀脫於虛妄顛倒故。五者、欲師子吼無所怖畏，莊嚴觀於諸法性無我故。六者、欲隨所到一切世界心無分別，善學諸法同十喻故。七者、欲得光明莊嚴世界，修治戒聚令清淨故。八者、成就莊嚴如來十力，具足一切波羅蜜故。九者、成就莊嚴四無所畏，如說而作故。十者、莊嚴十八不共之法，隨所聞法悉得無餘不放逸故。是名十法專心發於無上菩提，則能入是一切行門，即得不退無上菩提無相行門、智道行門。一切法無我，心無思惟，不生不滅，是名菩薩不退轉地。以是故非退非不退，非斷非常，非定非亂。」

說是法時，如來腹內八十億恒河沙等菩薩摩訶薩，得不退轉於阿耨多羅三藐三菩提，不可數菩薩摩訶薩得諸三昧甚深法忍，悉從如來身毛孔出，心大驚怪歎未曾有。即於佛前頭面著地為佛作禮，起已忽然各還十方本佛世界，復聞釋迦牟尼如來所演音聲，過十方無量無邊阿僧祇等諸佛世界無諸障閡。是諸菩薩雖還彼界，續聞如來所演音教，章句義味無所減少，如在佛前近聽無異。身亦如是遍諸十方無量世界，亦有無量無邊阿僧祇菩薩、聲聞亦見毛孔出入無礙，如是第二乃至一切一一毛孔出入無礙，十方世界亦如是。爾時大衆從釋迦如來毛孔中出，頭面禮佛右繞三匝住於佛前，以種種音聲而讚歎佛。爾時欲界、色界諸天，雨種種華、塗香、末香、幢幡、瓔珞、微妙技樂供養如來。

爾時會中有一菩薩名無畏等地，長跪叉手前白佛言：「世尊！如是大經當名何等？云何奉持？」

佛告無畏等地菩薩：「是經當名解了一切陀羅尼門，亦名無量佛，亦名大衆，亦名授菩薩記，亦名四無所畏出現於世，亦名一切諸三昧門，亦名示現諸佛世界，亦名猶如大海，亦名無量，亦名大悲蓮華。」

無畏等地菩薩摩訶薩復白佛言：「世尊！若有善男子、善女人，受持是經讀誦通利，為他人說乃至一偈，得幾所福？」

佛告無畏等地菩薩：「我已先說所得福德，今當為汝更略說之。善男子！善女人！若有受持是經讀誦通利，為他人說乃至一偈，於後五十歲中，乃至有能書寫一偈，所得功德勝諸菩薩十大劫中行六波羅蜜。

「何以故？諸天、魔、梵、沙門、婆羅門、夜叉、羅剎、龍、乾闥婆、阿修羅、迦樓羅、緊那羅、摩睺羅伽、拘辦荼、餓鬼、毘舍遮、人及非人，有瞋恚心者，聞是經已即得清淨柔軟歡喜，而離諸病忿怒怨賊種種鬪諍，消滅一切暴風惡雨。病者得愈，飢渴者得飽滿受諸快樂和合相願，瞋恚之者能令忍辱，怖畏者無所畏怖受諸歡樂，有煩惱者令離煩惱。能令善根一切增長，能拔惡道所有眾生，能示三乘出要之路，能得甚深法忍三昧陀羅尼門，能與眾生作大利益，能坐道場金剛之座，能破四魔，能示一切助菩提法，能轉法輪，無聖財者能令具足，能令無量無邊眾生入無畏城。

「以是因緣，能持此經讀誦通利，為他人說乃至一偈，若後末世五十歲中乃至有能書寫一偈，得如是等無量無邊福德之聚。是故我今說如是經，如是大經當付囑誰？誰能於後五十歲中護持是法？誰能與諸在在處處不退菩薩宣說令聞？誰復能為行非法欲、惡貪邪見、不信善惡有果報者演布是教？」

爾時大眾皆知佛心，於時有一大仙夜叉，名無怨沸宿坐於眾中。爾時彌勒菩薩摩訶薩即從坐起，將是夜叉至於佛所。是時如來告是夜叉大仙：「汝今當受是經，乃至末後五十歲中為不退菩薩，乃至不信善惡報者演布是教。」

爾時夜叉即白佛言：「我於過去八十四大劫中，以本願故作仙夜叉，修行阿耨多羅三藐三菩提，爾時教化無量無邊阿僧祇人，安止於四無量心，復令無量無邊眾生不退轉於阿耨多羅三藐三菩提。世尊！我今當為未來之世一切眾生作擁護故，於後末世五十歲中受持是經，乃至從他聞四句偈，要當讀誦悉令通利，流布與人令不斷絕。」

佛說是經已，寂意菩薩、諸天、大眾、乾闥婆等、人及非人，皆大歡喜，頭面作禮退坐而去。

悲華經卷第十

南無護法韋馱尊天菩薩

佛法常行經典系列02

《悲華經》

譯　　者　北涼曇無讖
主　　編　洪啟嵩
發 行 人　龔玲慧
編　　輯　全佛編輯部
封面設計　張育甄
出　　版　全佛文化事業有限公司
　　　　　發行專線：(02)2219-0898　http://www.buddhall.com
門　　市　覺性會舘・心茶堂：新北市新店區民權路88之3號8樓
　　　　　門市專線：(02)2219-8189
　　　　　大量購書：(02)2913-2199　傳真專線：(02)2913-3693
　　　　　匯款帳號：3199717004240　合作金庫銀行大坪林分行
　　　　　戶　　名：全佛文化事業有限公司
行銷代理　紅螞蟻圖書有限公司
　　　　　台北市內湖區舊宗路二段121巷19號（紅螞蟻資訊大樓）
　　　　　電話：(02)2795-3656　傳真：(02)2795-4100

初　　版　一九九六年十月
二版一刷　二〇二四年三月
定　　價　新台幣三六〇元
ISBN 978-626-95127-9-9（平裝）

國家圖書館出版品預行編目資料

悲華經 / (北涼)曇無讖譯.-- 二版. --
新北市：全佛文化事業有限公司, 2024.03
面；　公分. -- (佛法常行經典系列；2)
ISBN 978-626-95127-9-9(平裝)

1.CST:　本緣部
221.86　　　　113002543

Buddhall

Published by BuddhAll Cultural Enterprise Co.,Ltd.

BuddhAll

BuddhAll.

All is Buddha.

BuddhAll